安藤昌益の痛快漢字解

「私制字書巻」を愉しむ

吉田德壽

Tokuju YOSHIDA

農文協

い

軍《いくさ》だめ、
昌益、
平和主義者です

ろ

老荘《ろうそう》は
天道盗む貪食《どんしょく》者

は

橋本家、
千住《せんじゅ》に真営道《しんえいどう》の
書を伝え

に

二夫、二妻
交わり禁じた
昌益さん

ほ

法私制、
道は自然だ、
天耕だ

へ

米穀を耕し
人は人となる

と

富は望むな
貧《ひん》さけよ

ち

直耕《ちよくこう》は
米生み、知を生み
世を丸く

り

良子《りようし》とは
昌益その人
転道《みち》を説く

ぬ

盗むこと
諸悪の根なり
世を乱す

る

類はまた
友呼ぶ支配者、
民おびえ

お を

男耕し女織る、
これが
昌益直耕論

わ

吾死《われ》すも
誓って自然の
世となさん

か

活真《かつしん》は
「いきてまこと」だ
万物パワー

よ

世と心、
聖人乱《みだ》し
釈迦《しやか》乱し

た

太子《たいし》殿《どの》、
釈迦をまねして
罪な人

れ

礼は迷いだ
へつらうな

そ

曾子《そうし》こそ
真《まこと》の人だ、
直耕す

つ

土こそは
万物載《の》せて
央土《おうど》なり

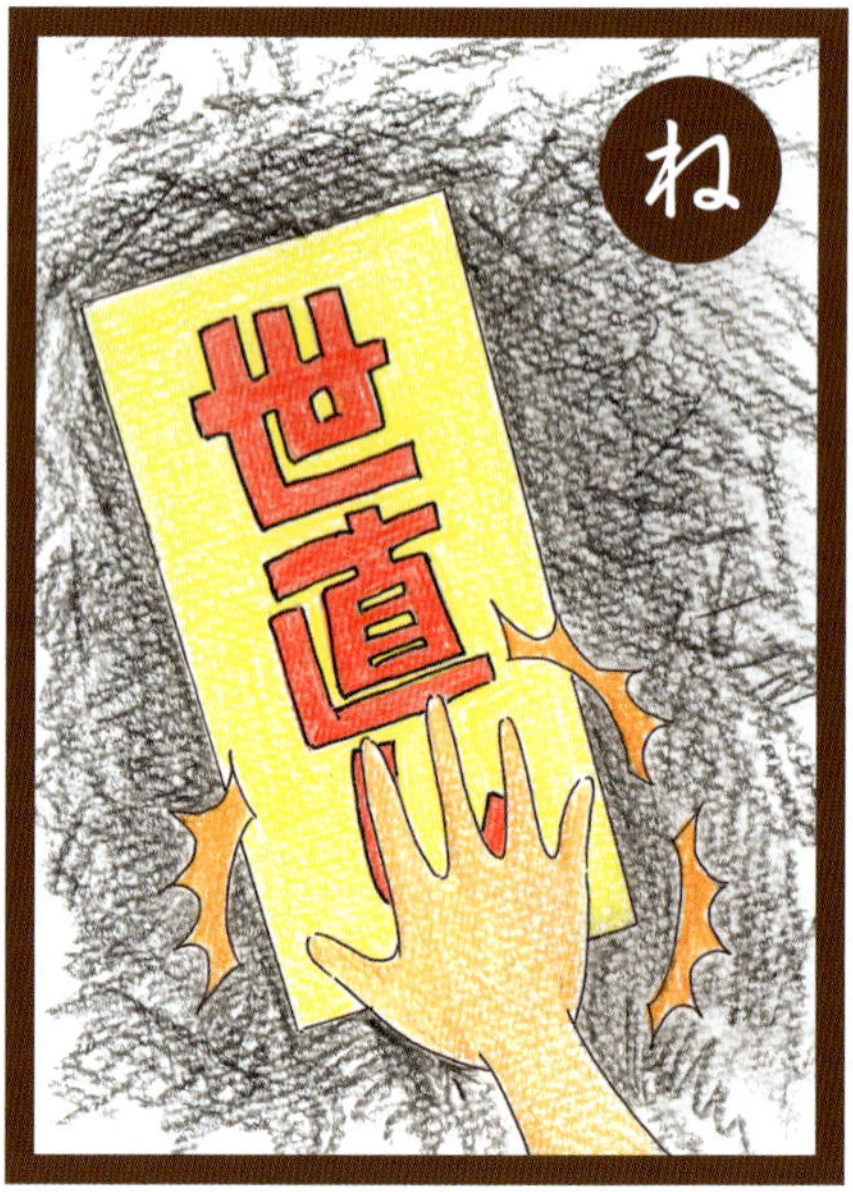

ね

根に持つな、
やり玉諸侯よ
世直しぞ

な

なに四民、
いまは昔の
話です

ら

乱争は
支配を生みて
一利なし

む

無《む》始《し》無《む》終《しゅう》、
すべては
自然のなせる業《わざ》

う

丑寅《うしとら》が
鬼門《きもん》なりとは
妄失《もうしつ》だ

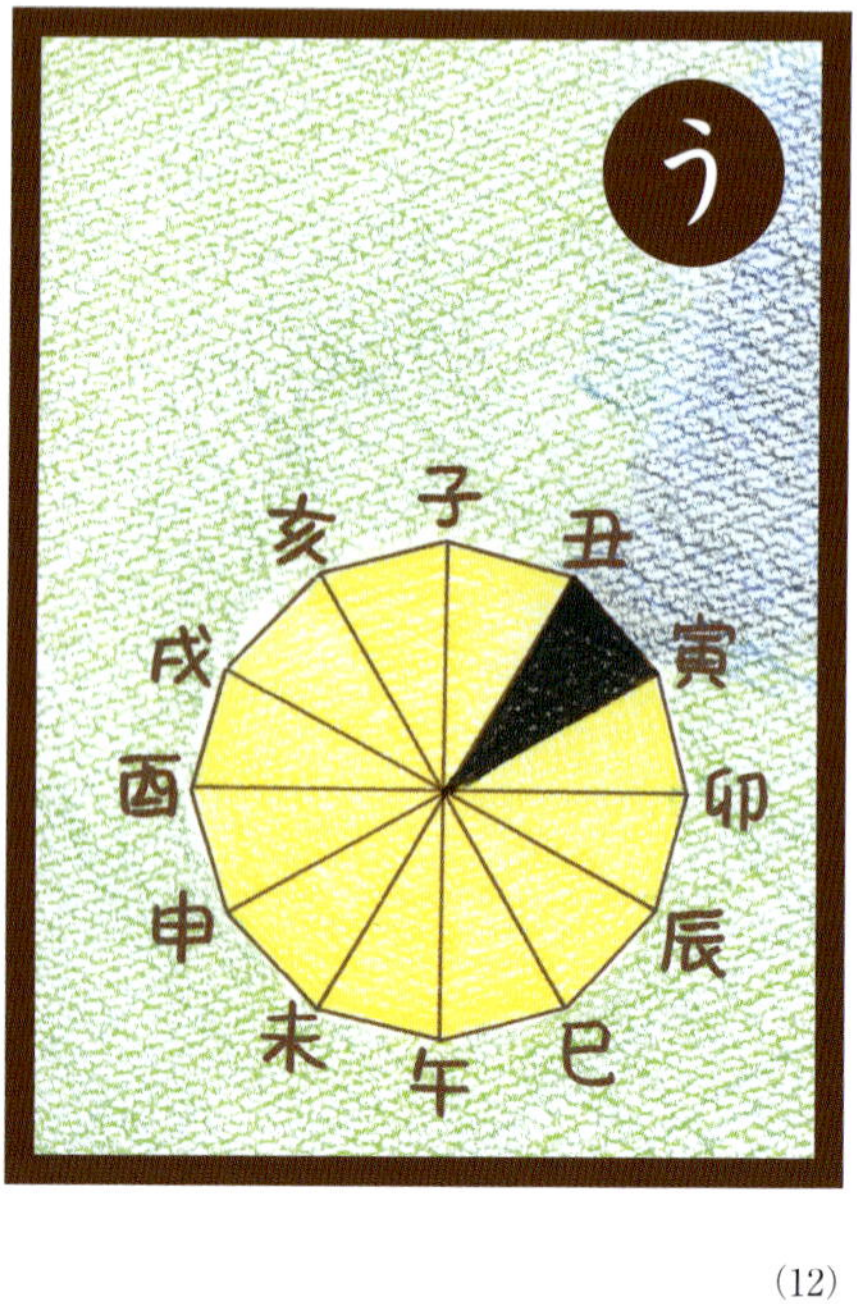

いゐ

医術とは
法か道かと
昌益さん

の

農なるは
直耕《ちよくこう》無乱の
転子なり

お

王立てて
兵乱始まる
世は要《い》らぬ

く

薬をば
用いて病《やまい》を
重くする

や

病とは
人より出でて
人に入る

ま

真真《まんま》とは
飯《めし》の別称、
生きる糧《かて》

け

傾城《けいせい》は
男の迷泥《まよい》、
欲の道

ふ

不耕して
貪食《どんしょく》ざんまい
家康《いえやす》さん

こ

穀食うて
男女《ひと》の生生、
無窮《むきゅう》なり

え

易とても
私作の妄惑《もうわく》
理にあらず

て

帝道や
聖道いうが
道ならず

あ

愛こそは
夫婦の絆《きずな》、
男女《ひと》の妙

さ

酒、博奕《ばくち》、
色と音曲
四の悪

き

窮民を出すな
不耕者まず稼《かせ》げ
〈京の夢、真《まこと》
学んで人のため〉

ゆ

邑政《ゆうせい》は
政治のかたち
助け合い

め

明暗《めいあん》は
活真・互性、
二別にあらず

み

道という

心は直耕、

食衣なり

し

昌益の生没

秋田の二井田郷《にいだごう》

え ゑ

縁あって
良演哲論
天聖寺《てんしょうじ》

ひ

自《ひと》り然《す》る、
これが自然だ、
土活真

も

文字、説法、
転道《てんどう》盗む
道具なり

せ

仙確は
昌益高弟
八戸人

す

進んで明《めい》、
退き暗《あん》で
裏表《うらおもて》

ん

んだでばす、*
八戸ア
昌益住んだどこ
〈*そうですよ〉

目次

＊【　】は言及した漢字。

序にかえて——稿本『自然真営道』巻一〜三「私制字書」について

石渡博明

このたび、吉田徳寿さんが執筆された「安藤昌益の痛快漢字解—『私制字書巻』を愉しむ」は、安藤昌益の主著、稿本『自然真営道』巻一〜三「私制字書」の案内書ないしは入門書と言えるものです。

「私制字書」巻（以下「字書」巻と略記）については、農文協版『安藤昌益全集』第二巻の寺尾五郎さんによる「解説」が、氏ならではの本質を突いた、最も簡明、概括的な紹介となっていますので、ぜひご参照ください。

とは言え、このたび、せっかく吉田さんが入門書を執筆されるということなので、『全集』第二巻の下原稿を作成した石渡から、寺尾さんの「解説」に拠りつつ、この間の誤った「字書」巻解釈への批判も含めて、補足的な紹介をさせていただきます。

誤った「字書」巻解釈で最もポピュラーなものとしては、「字書」巻冒頭の「序」に記載された「學」の字解に付された図中の人物についてです。

＊

誰が言い出したのかは今のところ不明ですが、この図にある師匠の像について「安藤昌益の自画像」といった誤った説明が、一部の教科書や学習参考書だけではなく、辞典類でも長いこと書き継がれてきていました（詳しくは確認できていませんが、今でも一部で用いられているもののようです）。

ただ、考えても見てください。昌益は、人々が「学問」を好いこととして学者先生を尊び、「学問」にいそしむことを高く評価していた時代にあって、「学と欲とは体と影の如《ごと》し」とか、「学問は何の為《ため》ぞや。唯《ただ》、己《おの》れを利し寛楽を願うの名なり」と言って、学問が真実の探求・世のため人のためと見せかけながら、その実、多くは立身出世を目指す利己心・上昇志向に基づいていることを見抜いて批判していました。

『自然真営道』の基本モチーフは、人生の真実は「学問」「書物」の世界にはない、学歴や社会的地位・肩書に惑わされるな、現実世界を見よ、社会を見よ、自然にこそ学べ、農民にこそ学べ、というごくごく単純なものです。

そうした認識をもとに、「学問統括」巻シリーズの冒頭、「私制字書」巻の挿絵として「學」の字を図解し、「学問と言えることは童子の所業にして、長者《おとな》の為《す》ることに非《あら》ず」と批判していたわけです。

批判の対象でしかない「学問」の図解、師弟の図に、どうして自画像などが入り込む余地があるというのでしょうか。誤解もはなはだしいものです。

＊

次に問題となるのが、「文字」という言葉です。

昌益は、「目に一丁字も無き」農民を、無知・無学であるとか愚かであるとか言ってさげすむのではなく、人々の日々の食料を生産し、社会を底辺で支えている、かけがえのない存在であるとして尊敬し、「天子」とまで言って讃えていました。

同様に、文字を持たないアイヌ民族（蝦夷）を未開であるとか野蛮であると言って差別するのではなく、昌益が理想とした「自然世」に近い存在だとして心から敬意を払い、本来武力闘争を嫌っていたにもかかわらず、松前藩による侵略（搾取・支配）に武器を持って立ち上がったシャクシャインの闘いを「夷人、私の罪に非ず」といって擁護していました。

そうしたことから推測すると、昌益はいっさいの「文字」を否定しているかのように見えますし、「字書」巻その他の文言を見ても、「文字」そのものの存在を否定しているかのような文言がいくつも見られます。

ところが一方、昌益は『統道真伝』「万国巻」の阿蘭陀《オランダ》について述べたところでは、アルファベット（表音文字）による表記法を「漢土の如き、不耕の無益・妄業無し」として高く評価し、また『自然真営道』「私制韻鏡」巻では漢字の崩しである平仮名には否定的なものの、片仮名については否定しないばかりか、現行の片仮名の一部について代替案を提示して、改革に取り組んでさえいます。

こうしたことから考えると、昌益は通信や記録の手段としての表音「文字」（書き言葉）すべてを否定しているのではなく、繁雑で抑圧的・差別的な表意「文字」としての「漢字」を批判し、否定しているのだと言えるでしょう。その意味で昌益を、漢字廃止論者・漢字制限論者以上に、表音文字推進論者の先駆けと位置づける人もあるくらいです。

いずれにしても、「字書」巻で昌益が使っている「文字」という言葉を読む際は、現代の私たちが共通認識としている「文字」（ローマ字やキリル文字、かなや漢字、さらにはエジプトのヒエログリフやマヤ文字……といったさまざまな文字表現）ではなく、ほぼ「漢字」と同義語としての「文字」を指しているということを考え合わせながら読んでいく必要がある、と言えるでしょう。

＊

もう一つの、そして最大の誤解が、肝心の「字書」巻の位置づけについてです。

昌益は東アジアの伝統文化、とりわけ儒教文化・漢字文化に対して、有史以来、初めて根源的な疑義を感じて、既成のものの見方・考え方と格闘し根底的な批判を行ない、自らの思想を表現するため、「活真」「互性」「直耕」「不耕貪食」等々の独創的な用語を生みだし、また時には「㕙」（胃のこと）「鈝」（肺のこと）……といった造字を行ないました。

そうしたことから、造字・造語癖のある安藤昌益といったレッテル貼りが行われ、まるで「字書」巻全体が、昌益が作った字書、昌益思想に基づいて昌益自らが作成した「字書」であるかのような誤解があります。

この点は、寺尾さんによる「解説」でも「昌益手製の字書」といった表現で一部誤解を誘うようなものとなってしまっていますが、寺尾さんの「解説」本文を読めば、こうした規定が誤解であることは明らかで、本文中にある〝でたらめな字引の批判の巻〟というのが、寺尾さんの本意と言えます。

なぜこんなことが問題になるかといえば、実はこうした誤解、誤読に基づいて昌益の差別意識を論じ、「女性差別、異民族差別、障害者差別、部落差別」を内包した「差別主義者」安藤昌益といった昌益論が一部にあるからです。

論者は言います。「昌益は『父は一家を巴《たば》ねる』と父に一家一族を統制する家父長権を認め、『兄は父に代り弟を蓋《おお》』うと本家―別家関係を肯定し、『女至愚にして心を転ぜざること石の如し』と男尊女卑的態度を示す……『夷』を解字して『夷は大いなる弓を以て理不尽に射殺す荒者《あらもの》を象《かたど》りて作る字なり』とし……アイヌ民族は、理不尽な荒者だということになろう……二別を否定する昌益の原則的立場は……二別的意識を全面的に克服しきってはいない」と。

一見もっともらしいのですが、こうした解釈は「字書巻」についての逆立ちした位置づけに基づいているもので、誤読というよりは為にする曲解と言ってもいいものです。

なぜならば、「字書」巻とは、〝でたらめな字引の批判の巻〟であり、もっと言えば、漢字「解体新書」であり、漢字のもつ社会性（作為性・差別性・階級性）を暴いて、漢字を廃止ないし制限していくための一里塚として書かれた書物だからです。

「一字なりとも省き棄つるは転真《てんしん》（天真）への奉公なり」というのが、昌益の最終目標だったわけです。

昌益が、「女至愚にして心を転ぜざること石の如し」と考えて「妬」の字を作ったり、アイヌ民族に対する差別意識に基づいて「夷」の字を作ったというのならば、昌益の男尊女卑的態度や民族差別意識が問題にされ、「差別主義者」としてその責任を負わされても仕方がないことですが、事実はまったく違います。

昌益は伝統的な「妬」や「夷」といった漢字を前にして、なぜ「女」偏に「石」という組み合わせの漢字（妬）が「ねたむ・まどう」と訓読されるのか、「ねたむ・まどう」という意味をもった漢字がなぜ「女」偏に「石」という組み合わせでできたのかとか、「大」という字に「弓」という字を組み合わせた漢字（夷）がなぜ「えぞ・えびす」と読まれ「やぶる・ほろぶ」という意味を持っているのか、……といった漢字の由来、漢字の字源をつらつら考えたはずです。

そして熟慮の末に、そうか、古代の中国人は、「女至愚にして心を転ぜざること石の如し」と考えたからこそ、「女」偏に「石」を組み合わせて、「ねたむ・まどう」という意味の漢字を作ったのか、そうか、漢民族は周辺の異民族を未開の野蛮人・獣同然の存在と考え差別したため、差別に憤慨して石弓を武器に反乱・蜂起を起こした人々を荒者と考えて「夷」の字を作ったのかと、漢字をいちいち解剖し、字解してみせてくれたのです。

人びとは、有史以来、漢字の由来・成り立ち、漢字の社会的な意味も知らずに、漢字をありがたがってきているが、実は漢字とは「聖人」と呼ばれる権力者が自らの差別的な世界観に基づいて作りだしたもので、少しもありがたいものではない、人々よ、いいかげん真実に目を覚ましたらどうですか、というのが昌益の「字書」巻執筆の動機なのです。

そうしたことからすれば、先の論者の言い分は昌益の意図とは真逆の、「字書」巻についての一八〇度転倒した、位置づけをしてしまっていると言っていいでしょう。

誤読され誤解され、「差別主義者」としての濡れ衣を着せられた昌益も、いい迷惑です。

さて、こうした昌益による苦闘の跡、漢字の腑分け（解剖）の醍醐味は、読者の皆さんが吉田さんの引用した例に直接あたって、味わってほしいと思います。

＊

寺尾さんの「解説」にもあるように、こうした字源・字解辞典は昌益の時代まではなく（もちろんまったくなかったというわけではありませんが）、十九世紀になって中国で甲骨文字が発見されてから本格化する学問領域のため、昌益は前人未到の荒野を徒手空拳で切り拓いていったようなものです。

そのため、読んでいてへぇ～、そうだったのかぁと、納得させられるものもあれば、う～ん、そうかなぁと疑問符がつくものも当然のようにあります。また、すべての漢字が「差別的な世界観に基づいて」作られたわけでないことも当然のことです。吉田さんのコメントを参考にしながら、亡き昌益と会話してみるのも一興ではないでしょうか。

さて、本書を読むにあたって役に立ちそうな、昌益独特の概念や漢字についての基礎知識について、若干、触れておきたいと思います。

漢字にはご存じのように日本では、中国伝来の「音読み」と日本独自(漢字の意味に基づいた翻訳語としての和語)の「訓読み」との二系列があって、音読みにはさらに漢音・呉音・唐音という、日本へ伝わった時代に応じた読み方の違いがあります。

一般に漢音は、遣唐使や当時の留学生などによって平安時代の日本にもたらされた隋・唐(九、十世紀)以後、宋以前に都の長安地方で行なわれていた発音で、呉音は仏教語に多く見られ、六朝時代(六世紀ごろ)の呉国の発音が奈良時代の日本に伝えられたもの、唐音は、鎌倉・室町期に禅僧や商人を通じて日本へ伝えられた、中国の唐末から宋・元・清といった比較的新しい時代のものとされています。

昌益は、漢音・呉音・唐音のうちから標準的なものを各文字の「音読み」の冒頭にかかげ、それが昌益の五十音表(進退五行論)の何にあたるかを、進木音・進火音・進金音……といったかたちで示しています。また

「訓読み」は、和国（日本）式の訓《よ》みということで、「和訓」と表記されます。

ちなみに、昌益の五十音図による、進木音とは「カ・タ・ア・サ・ハ」、進火音とは「ケ・ネ・エ・セ・ヘ」、進土音とは「コ・ト・ヲ・ソ・ホ」、進金音とは「キ・チ・イ・シ・ヒ」、進水音とは「ク・ツ・ウ・ス・フ」を指すもので、各漢字の語頭の音によって分類・配当されているため、中国語の音韻の特徴からして、退木音・退火音といった退気に配当されるものは、あまり見られません。

また昌益は漢字の成り立ちとして、『説文解字』以来、言われてきた六書（象形・指示・会意・形声・転注・仮借）に換えて、「理・象・貌・似」を挙げています。

「理字」とは文字通り、理（理屈）にもとづいて作字したもので、「一」と「大」を組み合わせて広大な「天」としたり、「土」と「也《なり》」を組み合わせて大地をあらわす「地」としたり、「田」に「力」を組み合わせて農地で労働に励む「男」をあらわすといったものです。

一方、事物の姿（貌）・形に似せて、あるいは象って作字したとされる「貌字《すがた》」「似字《にせじ》」「象字《かたどりじ》」については、その区別が判然としません。特に図（絵）に基づいた「貌字」と「似字」については、ほぼ同義に使われているようですが、「象字」も含めて、その使い分けについては、まだ誰も分析・研究した人がなく、今後の課題としておくしかないようです。

いずれにしても、漢音・呉音・唐音についての記述は、ほぼ二巻の途中までしかなく、以降は「音弁前に同じ」として省略され、字の成り立ちに関する「理・象・貌・似」についても同様に二巻の途中で途切れており、画数が多くなるにつれて、昌益の関心はもっぱら漢字の構造・組み立てと、それに対応した「和訓」とに絞られ、字解・説明も希薄なものになっていきます。さすがの昌益も、あまりにも膨大な漢字の量に辟易したのかもしれません。

このほかにも、昌益の考え方、昌益の音韻論の基本にある進退五行十気論（晩期は進退四行八気論）や昌益が「字書」巻で批判の対象とした『字彙』、当時の語源解釈の方法論の一つとしてあった同音相通など、触れなければならないことがたくさんありますが、紙幅の関係で割愛させていただき、くりかえしになりますが、寺尾さんの「解説」をご参照ください。

本書をきっかけに、読者の皆さんが『安藤昌益全集』に、昌益関連図書に手を伸ばしてくださることを期待します。

二〇一六年二月

（安藤昌益の会代表）

プロローグ

その博識ぶりから門弟たちに、親しみをこめ「濡儒安先生《じゆじゆあん》」と呼ばれた安藤昌益《あんどうしようえき》（一七〇三〜一七六二年）。儒者・安藤先生とのイメージからそう呼ばれたと解釈される。江戸中期の思想家として知られるが、なかでも漢字字書がユニークな字解にあふれ味わい深い。

ところがその昌益が文字、漢字の必要性やその世界を否定した。『自然《しぜん》真営道《しんえいどう》』など、フランスの啓蒙思想家ルソー（一七一二〜一七七八年）らと並ぶほど独創的な理論とされ、しかも『私制字書巻』の著者がなぜ？　それは文字そのものが時の権力者、聖人を含む支配者らによる庶民たぶらかし、労働の成果を掠《かす》め取り、意のままに世を牛耳る手段と考えたからである（文字否定の多くは漢字批判、漢字否定と論じられもするので「解説」の項を参照）。

なるほど、直耕《ちょくこう》思想に見る「男は田畑を耕し女は機《はた》を織る」からすれば文字、漢字などはふだんの暮らしにあまり意味をなさない。日本の農業は曲がり角の時代から高齢化の時代、さらに多くの地域は限界集落へと進行してしまった。かつて「農学栄えて農業亡ぶ」という箴言《しんげん》が農業関係者らの間でささやかれた。名言の出典は「稲のことは稲に聞け、農業のことは農民に聞け」と説いた東京農業大学初代学長・横井時敬《じけい》（「ときよし」と訓読も）の語録であろうが、汗を流して耕す現場を重視する姿勢は昌益の理念とリンクしそうだ。

昌益の偉大さは批判で留まらないところにあった。己が樹立した思想体系を浸透させ、世を変えるため最小限の文字が必要とも考え、新しい社会へ誘う字書を精魂傾け編んだのだ。字源字書、字解辞書としては日本で初めてとされ、常人と違う発想、感性が読む者の共感を呼ぶところ多々。そこで『自然真営道』の五千字を超す『私制字書巻』から異彩を放つ漢字二百六十余りを抜き出し昌益ワード、昌益ワールドをのぞいてみたい。

一　昌益の文字観と教学批判
―一は根本・始原にあらず

學（学）という字は子供が礼服を着て書に向かい勉強している様子を象《かたど》ったもの（「學」ハ即チ童子ノ形ナリ）。つまり学問とは子供の仕業《しわざ》であり、一人前の大人が学問などをひねくりまわしているようでは、しょせん白髪頭《しらがあたま》の餓鬼《がき》（白髪ノ童子）にすぎない。

昌益は「學」の字の所以《ゆえん》でこう断じてはばからない。学の字は旧字体「學」を大きく著わし字解、扇子を右手に持った髭《ひげ》の男が正座し教え、礼服の童子が筆で字を習う図が描かれる。この髭男こそただ一つ、昌益自身の肖像画ではないかとされた。しかし、謙譲な心を旨とし、学問論や方法論を説く昌益の絵など登場するはずもない――など否定論もある。

井上ひさしはかつて安藤昌益を「なぞ多き人物」と評した。いまでこそ「儒道統之《じゆどうとうの》図《ず》」発掘などで疑問が解かれつつあるが、昌益の出自や学問修得の地などに確固たる証が少なかったところからの印象であろう。

私制字書を著わすに際して昌益は「人世ニ於テ無字ニシテ契《かな》ハザル者カ（ママ）」（文字がなければ世のなかは成立しないものか）と問い、むしろ文字をなくした方が人間本来の社会の姿になるのでは……と斬り込む（農文協刊『安藤昌益全集』第二巻一九頁）。その根底には「字書・学問ハ不耕貪食《ふこうどんしょく》シテ転道《てんどう》・転下《てんか》・国家ヲ盗ムノ根ナリ」や「文字ハ転道ヲ盗ムノ器ナリ」という昌益理念がある。周知の通り造語、作字の名人・昌益が音韻を合わせた読みで「転道」は天道、「転下」は天下と解せる。

己が哲学を貫き、昌益の卓越した眼力を印象づける字書巻。その字書巻導入部「一」の項にドラスティックな字解、いや、昌益の文字文化に対して抱く心の奥が透視できるので伏義《ふつき》（ふくぎ、とも）論も併せ紹介したい。

【一《イッ》】「伏義ノ易ニ一奇ヲ画シテ陽ニ象《かたど》リ、数ノ始メナリ。凡《すべ》テ字、皆此《これ》ヨリ生ズ」ト云《い》ヘルコト、是《こ》レ理ニ似テ未熟ノ失《あやま》リナリ。何《イカ》ントナレバ、一進気ヲ呼べバ、必ズ退気、一中ニ具《そな》ハリテ進退気ニシテ一ナリ（以下略、五三頁）。

「伏義の易では、まず、陽気を一と横に象り数の始めとした。文字はすべてこれがもとになっている」とあるのは、理屈にかなっているようだが、実はあさはかな誤りだ。なぜならば、陽すなわち進気だけを取り上げても必ず退気がそのなかに具わっており、進気と退気を合わせてはじめて一といえるからである（以下略）。

——この記述は『自然真営道』第一「私制字書巻」一の「『字彙《じい》ノ評……』」にある一部分。昌益による解説はこの一字を「十ノ失リ」まで指摘し続ける。というのも昌益は、『字彙』には三万三千百七十九字収録されているが一の字がこのざまだから推して知るべし……と手厳しい。さらに「文字ノ始メ」（文字の出現）では伏羲の誕生と文字の関係を記述する。

伏羲については「生まれつき背は高く、面長、胴長、手足短く口は大きく裂け……」とまるで顔輝《がんき》（古代中国で道釈《どうしやく》画《が》を描き、怪異な風貌画を得意にした絵師）や一般作家が絵にするような妖怪的タッチの絵をいとも簡単に超しそうな人定、風采描写だ。その一方で、知性については「高偏異智ニシテ、言語・弁口トモ勝巧タリ」と人並み外れた異能、多才ぶりであったことを書き表わす。なるほど、かの『広辞苑』（岩波書店）六版でも伏羲を「中国古伝説上の三皇の一人。人首蛇身《じんしゆだしん》」とその異様さを書くが、帝王になり初めて八卦《はつけ》、書契《しよけい》（文字そのものや、文字で書きしるしたもの）、網罟《もうこ》（法律）を作り婚姻制も布いたと伝わる——という記述だ。

昌益もまた伏羲が作った文字は、まず「火」であり「水」と解く。さらに「天」や

「地」を、稲妻が走り雷鳴がとどろけば必ず雨が降り、田んぼが水で潤うから雨に田を象り「雷」の字とした、と伏義の字の源を追う。ところが、昌益は「此レヲ以テ文字・学問ノ制法ノ教《おし》ヒト云《い》フハ、伏義ノ易ニ始マル」と斬り込み始める。即ち、便宜的に文字を作るが、これを学問と称して人々に説教を垂れるようになったのは伏義自身「易」を始めたがためと指摘。さらにエスカレートし、自分が王となり、君子の下に臣下を置き、人々を支配、自らは農耕労働をせず人々の労働成果を掠《かす》め取り、天地自然の道に背いた。文字を作ったうえ、さらに竹簡《ちくかん》や木簡《もっかん》に彫りつけ、五倫と称した封建道徳で人々を縛《しば》るようになったのもこれみな、伏義の易に淵源《えんげん》をもつもの——と糺《ただ》していく。

それだけではない。昌益はこの後に「こうした不届きな伏義も死を迎えたが子供がなく、妹の女媧《じょか》が後を継いで女帝となった。兄同様、異形の妹も権力をほしいままにし、民衆から搾り取るばかりで叛旗《はんき》を翻《ひるがえ》した共工《きょうこう》と戦う。これが乱世の始まりである——とたたみ込む。

ちょっと寄り道になるが『中国四千年の女たち』(飯塚朗著、時事通信社刊)によれば、女媧は伏義の妃《きさき》。兄に口説かれ兄妹同士、夫婦になったという。資性知見《しせいちけん》については、やはり「蛇身人首《だしんじんしゅ》」だが「神聖の徳あり。号して女希《じょき》」と解く。しかし、下半身は蛇とされることから「伏義とともに下半身が絡み合った図はおどろおどろしいが、その女媧はこの世に平和と幸福をもたらすために、いろいろと努力をしてくれた」とし、当然かもしれないが昌益とは女媧に対する見方や評価も違う。

昌益文に戻ると、その女媧の子孫十五代が帝位を継いだが突如「神農起《た》チテ」再びこの地は戦乱の世となってしまう。勝った神農は自分が王位に就き、人々に農業を教えると称し、木で農具をこしらえ、その形から耜《すき》、耒《くわ》の字などを作った。ところが神農は草をなめて毒にあたり急死してしまう。これを捉《とら》えた昌益は、神農が草木をはじめ万物の気の運行に無知であり、医学や本草学の祖だという説はまったくでたらめである――と指摘してはばからない。

かくして神農も死に、子孫八代が王位を継ぎ、また乱世へ。さらに黄帝《こうてい》、堯《ぎょう》、舜《しゅん》、禹《う》、桀《けつ》、湯《とう》、文王《ぶんおう》、周公《しゅうこう》、秦《しん》、そして呉音、漢音の使い分けが始まった漢、唐……の世へと延々書き綴る。前後して中国では『本草綱目《ほんぞうこうもく》』『漢書』『文選』『荘子』が文字を作り足し、編まれた。『唐書』や『字彙』などでも文字は作り続けられる。これら古書といわれるものは明が滅んだ宝永元年ころまでに我が国へ渡来した――と昌益は文字文明の流れを明かす。

　こうして昌益は文字、学問、書物、王朝支配の功罪を説くが結果は「己を利する私欲」のなせるものであり「とりあえず字の成り立ちを解くことによって文字がなければ世の中は成立しないものか、無くしてしまった方が人間本来の社会の姿になるのではないかを明らかにしよう〈絶無シテ明世成ルカノ所以《ゆえん》ヲ知ラシム〉」と心情を吐露する。三万年もの間、聖人、賢人らが抱いてきた幻想を打ち破る……との思いを募らせた昌益。私制字書巻で文字がなくて不自由しない世を模索し、私欲なき人間本来の文字、学問を追う決意も堅い。

二　字解にみる昌益思想

1　昌益の部首批判――「二別」は差別の根源なり

【二《ジ》】ハ「地二ノ象リ」(ト)云《い》ヘルコト、易ニ「天一・水、地二・火」ト云ヘルハ、自然(ノ)気行ニ非《あら》ズ、妄失。之レヲ知ラズ之レヲ曰《い》フハ重失ナリ。又「二ヲ上ト為シ、二ヲ下ト為ス」ト云《い》ヘルコト失リナリ。二ハ上下同一ニシテ、進退ノ一気ニシテ二ナリ。然ルヲ上下ノ二トハ、何ノ戯《たわむ》レゾ(六一頁)。

「地の数、偶数の象り」とか、『易経』で「天は一であり水に配当され、地は二であり火に配当される」と言っているのは、自然界の気の運行とは縁もゆかりもないこじつけに過ぎない。こんなことさえもわからず、得得として引用するとは恥の上塗りである。

また、「二は上、二は下を表わす」とは、もってのほかだ。二は上も下もなく、上下合わせた二ではじめて進退の一気を表わすことができるので、それを上と表わす二とか、下を表わす二と区別するとは、一体どういうつもりなのか。

――以降は批判を抑え一般字書の態様へ……

2　二画の部首より―八は器《うつわ》の蓋《ふた》と底

【八《ハッ》】器ノ蓋《フタ》ト底《ソコ》分ケ開クル象リ。字ノ上下ニ附ケテ用ユ、故ニ上ト為ルニ八、下ニ為ルハハニシテ用ユルナリ。ハレハ八ナリ。(こ)「八《ハッ》」進木音。「八《ハッ》」ハ漢音、「八《ホッ》」呉音、「八《ハ》」唐音。八《ヤッ》〈ヤタビ〉、「ヤツ・ハツ」同音ニシテ、「ヤツ」ノ音ヲ以テ和訓ト為ルナリ（一三二頁）。

器の蓋または底が透《す》いているさま。漢字の構成部分となったばあい、上にくると八《はちがしら》、下にくるとハとなる。音は「ハツ」で進木音。漢音「ハツ」、呉音「ホツ」、唐音「ハ」。訓「やっつ・やたび」。「ヤツ・ハツ」は同じ木音であり、「ハツ」から転じた「ヤツ」をもって訓としている。

――いわゆる末広がり、算用数字の8は横にすれば無限大となり、めでたい字の一つ。昌益は八の字を冠する南部・八戸《はちのへ》藩領に一五年ほど暮らし、町医者を営んでいたとされる。その医者を思わせる医学的視点の言葉に「八門《はちもん》」がある。これは、人間の顔にあるまぶた・目玉・耳殻《じかく》・耳穴・唇《くちびる》・舌・鼻・歯の八つを指す。昌益はこれに「胞《まぶた》」や「眊《めだま》」、「輪《みみわ》」など造字し充てて用いた。さらに昌益は「八情《はちじょう》・八神《はっしん》」「八気《はっき》」などの言葉も好むように使う。現在の漢和辞典で「八」は両手を合わせる象形文字とし「数字の八」などと単純に解くところ。

3　三画の部首より―男女にして一人

【大《タイ》】一人ノ貌《すがタ》。故ニ男女ニシテ一人ハ乃チ天地ナリ。天地ヨリ大ナルハナシ、字ニ生ズ。「タイ」進木音。「タイ」漢音。「トイ」呉音。「チン」唐音。「オオヰナリ・サカンナリ」和訓（一三六頁）。

人ひとり（一）の姿に象る。人は男と女で一体であり、小宇宙である。天地宇宙より大なるものはなく、全《まった》き姿との意で大とする。音タイ・進木音。漢音「タイ」、呉音「トイ」、唐音「チン」。訓「おおいに・さかん」。

――人は男と女で「ひと」と唱えた昌益思想、早くもこの字解に表われたり……。

【女《ジョ》】其《そ》ノ字生ハ前ニアリ。「ジョ」進金音。「ゼヨ」漢音。「ジョ・ニョ」呉音。「セ」唐音。「オンナ」和訓（一三六頁）。

字解については前述。音は「ジョ」で進金音。漢音「ゼヨ」、呉音「ジョ・ニョ」。訓「おんな」。

――前述とおぼしきは何か所かあり。その一つは「字の成りたち、ならびに漢、呉、唐の三音と訓の例」（一一三頁）の項で、女の字は機織りをしている女の後ろ姿から象ったとするもの。また、「女の字は着ているものの裾《すそ》を表わしたもの」と絵文字入りの解釈。この前段では男女でひと――と読ませた昌益らしく「男」の字を「田に力を注いで耕作するさまを表わす」と明解。女でもう一つは『字彙』についての批判の項で「〈女〉は『未婚の者を女、既婚の者を婦という』とするなど諸説を引用するだけで、字解がない」と字書を編んだ者へ配慮のなさを指摘していることを指そう。

現代は社会的、文化的性差のないジェンダー・フリーの時代とでも言おうか。女に女らしさ、男に男らしさを求めると、時として誤解やセクハラに問われかねない。この項の女も単記の「女」や「女性」「女子」「婦人」など、表現法で微妙に印象が違う。ましてや「淑女」「熟女」「貞女」などの成句、熟語となれば……。

ところで、昌益が活躍した江戸時代「南女《なんにょ》」と言えば江戸川柳にも顔を出す品川女郎のこと。因《ちな》みに北は吉原を指し、東は深川、西は新宿の呼称とか。ならば「地女」なる言葉はどうだろう。『お江戸風流さんぽ道』（小学館文庫）の著者・杉浦日向子さんは「じおんな」とルビを振りつつ、おきゃん、町娘のこと……と解く。そのうえで

「息子の不得手地女と孔子なり」と詠まれた江戸川柳を紹介する。カタイ学問の孔子と地女は不得手。その心は、「お金を払えばうまくあしらってくれるお姉さま、つまり遊女のほうが、ぽっと出の息子さんには扱いやすかった」と時代を繙《ひもと》いてくれる。昌益はもちろん紳士であり、ストイックなまでに志操堅固な男なのだ。

昨今、女性は変幻自在に映る。歴史好きなれば「歴女」で、理工系に強いと「リケ女」、鉱石類に関心高い女性は「鉱物女子」で、神社巡りをして朱印集めを楽しむ女性たちは「ご朱印女子」。一般の人が彫る仏像を〝民間仏〟と呼ぶが、これに惚《ほ》れる女性が「仏女」。この愛称、道後温泉かいわいにある商店街の女将さんたちが元祖か、このマドンナたちを「美商女」と呼ぶ。マドンナ→美商女とは、かの夏目漱石も我が意を得たりか、「ウフフッ」だろう。

中国故事で「真真」は絵から抜け出た「美女」のことだが、実は「美人」となれば女官の階級にもなるそうな。昌益ゆかりの青森県は全国一の短命県。そこで野菜をたくさん食べ、長寿を目指す女性は「健女」で〝すこじょ〟と読む。「女子会」が居酒屋で気炎を挙げ、いまや「女子力」が世を問う。「元始女性は太陽であった」と言わしめた日本の女性たちも進化にたゆみはない。

【子】《シ》字生ノ断《ことわ》リ前ニ有リ。「シ」進金音。「シ」呉音。「セ」ハ漢音。「セ」唐音。「コ、チヰサシ」和訓（一三六頁）。

字解については前述。音は「シ」で進金音。漢音「シ」、呉音「セ」、唐「セ」。訓「こ・ちいさい」。

――前述とは『字彙ノ評』いわゆる部首批判の項を指し「後継ぎ。子供、あるいは子を生むこと」などと解く。

4　四画の部首・文字より――母は女の子のある貌《すがた》

【戸】《コ》ハ、門ノ開閉《アケタテ》スルハ鳥ノ両羽ノ開閉ニ似ル、故ニ門ノ片戸ヲ戸ニ用ヒル、似セ字ナリ。戸ハ戸ヲ失リテ為《つく》ル。「コ」進土音。「コ」ハ漢音。「ク」ハ呉音。「コ」ハ唐音。「ト・トビラ」ハ和訓（一三九頁）。

鳥のはばたきのように開け閉めする開《ひら》き戸の扉の意。門の字の一方を借りて用いる。戸は戸の誤用。音は「コ」で進土音。漢音「コ」、呉音「ク」、唐音「コ」。訓「と・とびら」。

【手《シュ》】

直《じか》ニ手ノ五指ノ貌ナリ（中略）。「シュ」進金音。「セュ」ハ漢音。「シュ」ハ呉音。「シ」ハ唐音。「テ・トル」ハ和訓（一三九頁）。

五本の指を広げた掌《てのひら》そのままに作る（中略）。「シュ」進金音。漢音「セュ」、呉音「シュ」、唐音「シ」。訓「て・とる」。

【文《ブン》】

乂《トシヨリ》ノ頭ニ亠ノ賁《かざ》リヲ付ケタルカザリ字ナリ。攴モ文ニ易《か》フ。「ブン」進水音。「ボン」漢音。「ブン」呉音。「ボン」唐音。「フミ・カザル」和訓（一三九頁）。

乂《としより》の字の上に亠《たてかんむり》を添え、老人の頭を飾りつけるとの意から、広く飾る意に用いる。旁《つくり》に用いるときは、攴とも書く。「ブン」進水音。漢音「ボン」、呉音「ブン」。訓「ふみ・かざる」。

【母《ボ》】

毋ハノ如ク、女ノ腹中ニ子有ル貌《すがタ》、直ニ作ル。「ボ」進土音。「ボ」ハ漢音。「モ」ハ呉音。「ボ」ハ唐音。「ハハ・ナカレ」和訓（一四一頁）。

女性のお腹に子供が宿っているさま毋そのままに象る。「ボ」進土音。漢音「ボ」、呉音「モ」、唐音「ボ」。訓「はは・なかれ」。

――『新大字典』（講談社刊）で母は女と左右の乳房を表現した合字からで、たらちね、女親などを字義にすると解く。たらちねは「垂乳根」と書き、母にかかるまくら言葉。万葉歌などに詠まれる。「たるちね」の転用とされ、読んで字のごとしだが、「ね」は尊敬の接尾語ともいう。「たらちめ（女）」は「たらちね」からの類推で生じた言葉で生みの母にかかる（『大辞泉』小学館）。

【父《フ》】

ハ乂《トシヨリ》ノ頭ノ兀《はげ》テ両鬢《ビン》ノミ見ユル象リヲハニシタル下ニ、乂ノ字ヲ付クル象リ字。フ、進水音。「ホ」ハ漢音。「フ」ハ呉音。「ホ」ハ唐音。「チチ・ヲヤ」和訓（一四一頁）。

　老人の頭が禿《は》げて両側の鬢《びん》だけが目につくさまをハとし、その下に乂《としより》の字を添えたもの。「フ」進水音。漢音「ホ」、呉音「フ」、唐音「ホ」。訓「ちち・おや」。

【升《シャウ》】

丆ハ十《トウ》ト云ヒテ丆《ヒク》音ノ象リ、十合ヲ升トス、升《マス》。「シャウ」進金音。「セヤウ」漢音。「シャウ」呉音。「スン」唐音。「ノボル・マス」和訓（一四二頁）。

　一合ずつ枡《ます》ではかり、十と言って語尾を引き伸ばすさまを丆に象り、十に添えて升の字とする。よって十合を一升と言い、枡の意にも用いる。「シャウ」進金音。漢音「セャウ」、呉音「シャウ」、唐音「スン」。訓「のぼる・ます」。

――尺貫法の最たる字。かつては米や穀類をはじめ酒、しょう油などを量る単位で売り買いの際にも用いられた。一合の十倍が一升（一・八リットル）、その十倍が一斗、その十倍が一石《いっこく》となる。

【牛《ギウ》】ハ、是《これ》ノ如ク、牛ノ鼻ニ手綱《たづな》ヲ通シタル象リヲ作リタル字ナリ。象リ字ナリ。「ギウ」進火音・漢音。「ギウ」呉音ナリ。「クン」唐音。「ウシ」和訓（一四二頁）。

牛の鼻に手綱を通したさまに作る。「ゲウ」進火音。漢音「ゲウ」、呉音「ギウ」、唐音「クン」。訓「うし」。

【及《ギフ》】ハ、老人杖ニスガリ歩行ナリガタキマデ長命スル寸《とき》ハ、又一切ニヲヨブ、故ニ尸《コレ》ニ又ヲ付ケテ及ノ字ニ作ル、貌字ノ生。「ギウ」進金音。「ケウ」漢音、「キウ」呉音、「クン」唐音。「オヨブ」和訓（一四二頁）。

及は老人が杖にすがり歩行困難なさまに象る。長命な老人はものごと全てに及び知り尽くしているとの意から、尸に全ての意の又を添え、及ぶとした合成字。「ギウ」進金音。漢音「ケウ」、呉音「キウ」、唐音「クン」。訓「およぶ」。

【予《ヨ》】ハ独立ノ貌字ナリ。退士音ニシテ漢音。「ユ」ハ呉音。「ヨ」ハ唐音。「ワレ・ツツシム」和訓（一四三頁）。

独《ひと》りすっくと立った姿に象る。「ヨ」退士音。漢音「ヨ」、呉音「ユ」、唐音「ヨ」。訓「われ・つつしむ」。

5　五画の部首より―田の和訓は「米の親」

【玉《ゴク》】丶《コレ》ハノ象リナリ。漢土ニハ王ノ即位ニ傍《かたわ》ラニ玉ヲ賁《かざ》ル、是《こ》レヲ似セ字ナリ。進士音。「ゴク」ハ漢音。「ギョク」ハ呉音。「タマ」ハ和訓（一四三頁）。

玉は宝石（）の象り。中国では帝王が即位する際、傍らに宝石を飾るところから、王の字に丶を添え玉とした。「ゴク」進士音。漢音「ゴク」、呉音「ギョク」。訓「たま」。
――王侯貴族、聖人らを嫌う昌益、ここは穏やかに収めた観あり。というのも、四画の部〈王〉で、「天の道・地の道・人の道（三）に丨《のつとる》との合成字。自然の摂理にかなうとの意」と静かに論じ、いたって紳士的なのだ。この王に丶が加わり玉となった訳だから解釈も慎重にならざるを得ず、か。因みに〈王〉は天主、君主で「徳によって天下を治める人」。字源は最も美しい石の象形からとされ、古くは美石に緒を貫き通し、飾りとしたのが〈玉〉だが、偏は〈王〉に統一（要約、『新大字典』）という。

【生】《セイ》ハ气ノ下《しも》ニ行ク乚ヲ一《コレ》ニシテ、上ニ通ジ升《のぼ》ル象リ、气ハ米飯ヨリ升ル気ノ象リ。故ニ気ヨリ生ズルニ作ル理字ナリ。「セイ」進火音。「セイ」漢音。「シャウ」呉音。「スン」唐音。「ムマルル、イキル」和訓（一四四頁）。

米を炊くとき立ち上る湯気气に象った気の字の乚を真っ直ぐにし、三を貫き立ち上るさまに象る。万物は気より生ずることを表わす。「セイ」進火音。漢音「セイ」、呉音「シャク」、唐音「スン」。訓「うまれる・いきる」。

【用】《イヨウ》ハ及チ器物ヲ並べ用ユルニ似セテ、用用ノ如クニ作ル似セ字ナリ。「イヨウ」進金音。「エウ」漢音。「イヨウ」呉音。「ユン、ウン」唐音。「モチユル」和訓（一四四頁）。

うつわを並べ用いるさま用に似せる。音は「イヨウ」で進金音。漢音「ヱウ」、呉音「イヨウ」、唐音「ユン・ウン」。訓「もちいる」。

【田】《デン》ハ直ニ田面ノ象リ、字ハ畔《クロ》ノ貌、中ノ透《ス》キ間《マ》ハ田《タ》ナリ、貌字ナリ。「デン」ハ進火音ナリ。「テン」漢音。「ヂン」ハ呉音。「テン」ハ唐音。「タガヤス、コメノヲヤ」ハ和訓（一四四頁）。

田んぼの形そのままに象る。字画は畔《くろ》、中の透き間は田地を表わす。「デン」進火音。

漢音「テン」、呉音「チン」、唐音「テン」。訓「たがやす・こめのおや（米の親）」。──言わずと知れた稲を植え付ける耕地で水田、田んぼを意味する字。字義には耕地のほか、「いなか」や「一里四方の土地」などを含む（『新大字典』）。「いなか」は「田舎」と書くからなるほど──と納得。古来、日本では稲作を「棚田」などで守り、米を供給してきた。田んぼがなければ畑で「陸稲《りくとう》」を栽培した。陸稲は「おかぼ」とも読む。

青森県の津軽地方にはズバリ「田舎館村」あり、稲作では単位面積当たり（反収）の収穫量が多い村。近年、古代米など葉っぱやクキの色が違う色とりどりの稲の苗を植えて絵を浮き上がらせる〝田んぼアート〟でその名が知られる。描かれる図柄は「風神・雷神」や洋画「風と共に去りぬ」などその年によって違う。歴代、稲作文化を伝承し、田植えなどされる天皇家。その今上天皇が皇后と共に平成二十六年、現地で生育中の稲が醸《かも》す至高《しこう》の田園アートをご覧になり、下絵をデザインし、米を育てる人たちへ自信を与えた。

畔は一般的には「アゼ」であろうが「クロ」とルビ振るは昌益の郷、奥羽地方で使う「田のくろ」の方言と映るが、さにあらず『新大字典』にも、「あぜ」イコール「くろ」との記述がある。また、「アゼ」とは機織りの織機で経糸《たていと》を整えるところを指す。農業の世界では「畦畔」と呼び田んぼの水を支える役目を持ち、農地の区画、境界にもなる。野良で耕し、機を織ることの大切さを訴えた昌益、田んぼを〝米の親〟と説くはさすが米第一主義者、その思いを滲ませた字解と言えそう。

【白】ハク ハ、ノ《コレ》ハ日ノ中ヨリ気発《ヲコ》ル象リ、曰ハ口中ニ舌アル曰《イワ》クナリ。故ニ曰《イ》イ伸《ノ》べ発《オコ》スハ、乃チ白《マウス》ナリ。「ハク」ハ進木音。「ハク」漢音。「オク」呉音。「ハ」唐音。「シロシ・マウス・カタル」和訓（一四五頁）。

字の上のノは日の中から気が上り出すさま、曰は口の中に舌があるのに象り、曰《いわ》くの字である。よってものを言い出し述べる・申すの意を表わす。「ハク」進木音。漢音「ハク」、呉音「オク」、唐音「ハ」。訓「しろい・もうす・かたる」。

――白をしろ、しら、はく……などと読むは言うに及ばずだが、もうす（申）に通じるとは意外感。警察隠語のはく、はかせる――は自供する、させるの意味だが、これは事件に関与した事実を認め「吐く」「白状」からきた言葉だろう。申す論、字源字書などには確かにそう訓じるとある。なるほど、白は自の略字とされ、気が鼻《はな》口から出て言葉を発する意という。故に白《しろ》と白《もうす》はもともと違う字だが、後には同一のように用いられた……と少しばかりややこしい。

【失】シツ ハ、矢ノ根破リ通シタル象リ、的ヲ射損ジ外《ほか》ヲ破ル故ニ失リ。「シツ」ハ進金音ニシテ呉音。「セツ」ハ漢音。「セ」ハ唐音。「ウシナフ・アヤマル」和訓（一四五頁）。

的を射損じ、矢尻が的の外を破り通したさまを表わす。よって失《あやま》り。「シツ」進金音。漢音「セツ」、呉音「シツ」、唐音「セ」。訓「うしなう・あやまる」。

――「失」をあやまち、あやまる――と読ませるのは昌益流の解釈かと思う向きもあろうが、古来の字義。昌益は「糺聖失」や「糺仏失」を著わし、一般文でもよく使う。世を糺《ただ》す意味では近刊の『管見妄語～とんでもない奴』（藤原正彦著、新潮社刊）なるエッセイ集が関心を呼ぶ。葦《よし》の髄《ずい》から天のぞく類《たぐ》いの「管見」に収まらず知識、識見をへりくだりつつも文化論から世相、政治の世界へと幅広く視点がユニークだからであろう。

6　六画の部首より―米は世の根、生命《いのち》の根

【曲】キョク ハ竪横《たてよこ》委《くわ》シキ象リ。「キョク」進金音ニシテ呉音。「ケヨク」ハ漢音。「コ」ハ唐音。「マガル・ツブサ・コマカ」和訓（一四六頁）。

縦横に精通しているさまを表わす。「キョク」進金音で呉音。漢音「ケヨク」、唐音「コ」。訓「まがる・つぶさ・こまか」。

【竹《チク》】

ハノ如ク、直ニ似セタル字ナリ。「チク」ハ進金音ニシテ呉音。「テク」漢音。「チ」ハ唐音。「タケ・スナヲ」和訓（一四七頁）。

竹の生えているさまそのままに似せる。「チク」は進金音。漢音「テク」、呉音「チク」、唐音「チ」。訓「たけ・すなお」。

【米《ベイ》】

ハノ如ク禾盛《イナクサ》ンニ育チ葉開ケテ穂出ヅル貌字ナリ。「ベイ」ハ進火音ニシテ漢音。「ヒイ」呉音。「ヒン」唐音。「コメ・ヨネ・イネ」和訓（一四七頁）。

稲が盛んに育ち、葉を広げ穂を出したさまに象る。「ベイ」進火音。漢音「ベイ」、呉音「ヒイ」、唐音「ヒン」。訓「こめ・よね・いね」。

――米には長粒系と短粒系があり、日本の水田を栽培地とし生産され、世界に誇る高品質米は短粒種。前者をインディカ種、後者をジャポニカ種と呼ぶ。いずれ米の字は五穀の実からきており、禾と穀類の形を寄せたもの――とは現代字書。

昌益はこの米、穀類に強い関心を寄せ、人の生き方、労働のあり方など、米をその思想の根幹に位置づけて構築する。この米について昌益は、米は「神ナリ、此ノ身ナリ」とし、「米《よね》」→「世根《よね》」、「稲《いね》」→「命根《いのちね》」（寿根《いのちね》とも書く）と言い換える。その根底に人は耕して米を作り、これを食して人の世を作るから米は世の根となる――という論理だ。一方、民俗学の第一人者、柳田國男は「米」には穀類の霊が「こむ」ため「こめる」の意味があると説く。「籠る」「隠る」は内に包み込んで外にあらわれない、新生や復活を潜ませることから霊的な意味がある――というのだ。この論、昌益の考えに近い。

さて、その瑞穂の国・日本では、主食用米作りが江戸時代を経て昭和年代、平成の今日まで続くが、年間最大一千二百万トンも生産された。しかし、昭和四十五（一九七〇）年からの生産調整（減反政策）で、いまでは八百万トン前後に低迷、加えて農業者の高齢化やTPP（環太平洋パートナーシップ協定）問題にもさらされる。近年、青森県が食味ランキング特Aというおいしい米「青天の霹靂《へきれき》」を売り出すなど、国内外は品質志向が白熱化する。

【臣】シン　ハ口工《くちたくみ》ナリ。口ノヒダリノタテノ｜《コレ》ヲ―ノゴトク長クシテ、工ヲ上下ニ分ケテ丅丄ニシテ、中ニ口ヲ入レテ臣ノ字ニ作ルナリ。口ニ工《タク》ムナレバ、上《カミ》・君ニ口工《くちたくみ》ノ諂言《てんげん》ヲ為シ、下・民ニ口工《くちたくみ》ノ貪言《どんげん》ヲ為スノ義理ニ当ツルコト、笑止ナル字作、聖人之レヲ知リテ此ノ字ヲ作リ此レヲ用ユルカ。知リテ此レヲ用ユル則《とき》ハ、天道ヲ盗ンデ恥ヲ天下ニ晒《さら》ス。知ラズシテ之レヲ用ユル則ハ妄造ノ失リニシテ、又天下ノ大恥ナリ（中略）。「シン」ハ進金音ニシテ呉音。「セン」漢音。「セン」唐音。「ツカフル・カタシ・ヒク」和訓（一四八頁）。

口工《くちたくみ》の義。口の字の左の|を長くして匚とし、工の字を上下に分けて丅丄とし匚を中に入れて臣としたもの。口が工《たくみ》ということは、支配者に諂《へつら》い民衆を言葉巧みに誑《たぶら》かし貪《むさぼ》ることの意で、まことにうがった作字であるが、聖人はこの義を知って作字したものであろうか。もし、知って作ったとすれば、搾取寄生を合理化するもので天下に恥をさらすものである。知らずに使っているとすれば無意味な字をもてあそんでいるわけで、これまた同罪である（中略）。「シン」進金音。漢音「セン」、呉音「シン」、唐音「セン」。訓「つかえる・かたい・ひく」。

――中略としたが、後半はさらに昌益の持論が白熱化。例えば葦《よし》で人民を縛《しば》り、叩《たた》いて責め、罪に陥《おとしい》れる字義――とか、「臣は上に諂《へつら》い口工《ことばたくみ》に下を貪り口工《ことばたくみ》するということは、君臣ともに自然の道に背《そむ》き搾取・寄生を重ねる大馬鹿者・大罪人」と斬り捨て、「この書を読む者、よくよく考えてみるべき」とまで説く。昌益の信念、まさにこの一字にあり……

は、いささかオーバーか。

【君《クン》】ハ進水音ニシテ呉音。「コン」漢音。「コン」唐音。「キミ・ツカサ」和訓。是レハ七画ナレドモ、臣ノ上対ナル故ニ此ニ出ス（一四九頁）。

君は呉音「クン」進水音。漢音「コン」、唐音「コン」。訓「きみ・つかさ」。君の字は本来七画だが、臣の対語であり、ここで触れた。

――六画の部に七画の字解を分かりつつ配すとは、昌益、前項での怒り？ を鎮めて優しい。臣の字は君にひれ伏す象形文字で上に仕える者の意。君はきみで帝王、天子、土地を支配する主権者、他人の敬称などが字義。ちなみに敬称は親書をはじめ公文書なども昨今は〝上から目線〟を避け君や殿ではなく「様」が慣例で一般的だ。

【虫《チウ》】ハ腐リ物ノ中ヨリ  ノ如クニムシノ生ズルヲ似セテ虫ノ字ナリ。「チウ」進金音ニシテ呉音。「テウ」漢音。「ツン」唐音。「ムシ・ハフ」和訓（一五一頁）。

虫は腐ったものの中から湧き出てくるので、中の字の下に  の象りを添え虫とした。「チウ」進金音。漢音「チウ」、呉音「チウ」、唐音「ツン」。訓「むし・はう」。

――虫とは「本草学で人類・獣類・鳥類・魚介類以外の小動物の総称」（『広辞苑』ほか）を

指し、昆虫などをいう、が、今日の定義か。昆虫を含む、動物、生物の種類は世界で百万種、まだ見つかっていない、あるいは名前がついていないものが七百七十万種超に及ぶそうな……。昌益はこの項でうじ虫類を連想させる字解だが、いまの世では「泣き虫」「弱虫」「点取り虫」「本の虫」果ては「虫がいい」や「虫がつく」「浮気の虫」など、子どもや大人たちの暮らしぶり、性格などを表わす言葉、修辞、比喩《ひゆ》も多い。

【血】《ケツ》ハ是レ肉ヲ月ニシテ、月ヲ横ニシテ匚ナリ。匚ヲ破リタル象リヲノ《コレ》ニシテ血ナリ。肉ヲ破レバ乃《すなわ》チ血出《い》ヅルニ似セ字ナリ。ケツ、進火音ニシテ漢音。「コツ」呉音。「ケ」唐音。「チ・チタル」和訓（一五一頁）。

肉の変形の月《にくづき》を横にして匚、それが破れたさまをノとし、合して血。肉が破れると血が出ることを表わす。音ケツ・進火音。漢音「ケツ」、呉音「コツ」、唐音「ケ」。訓「ち・ちがたれる」。

【行】《カウ》ハ、彳《コレ》ハ人ノ立チ息《ヤス》ミタル貌《すがタ》、二《コレ》ハ両手伸べ出シタル象《かたど》リ、亅《コレ》ハ一足踏《フ》ミ出シタル象リナリ、故ニ行《ユク》ト云フ象リ字ナリ。カウハ進木音ニシテ漢音。「ギャウ」ハ呉音。「クン」ハ唐音。「ユク・ヲコナフ・ミチ・ツラナル・アユム・ハタラク」和訓（一五一頁）。

彳は人が佇《たたず》み休んでいるさま、二は両腕を伸ばしたさま、亅は一足踏み出したさまに象り、行く義を表わす。音カウ・進木音。漢音「カウ」、呉音「ギャウ」、唐音「クン」、訓「ゆく・おこなう・みち・つらなる・あゆむ・はたらく」。

7　七画の部首より——里は田土《たがやすくに》なり

【谷《コク》】八《コレ》ハ山ノ象リ、𠆢《コレ》ハ嶺筋《みねすじ》両方へ引キ分カレタル象リ、口ハ沢底、洞ノ空ナル象リヲ合ハセテ谷ニ作ル象リ字ナリ。「コク」ハ進土音ニシテ呉音。「カク」漢音。「カ」ハ唐音。「タニ・ヤツ・キハム・ヤシナフ・ヤ」和訓（一五二頁）。

八は山、𠆢は稜線が左右に分かれているさま、口は沢の奥の水が枯れ、洞となって何もないさまに象った合字。「コク」進土音。漢音「カク」、呉音「コク」、唐音「カ」。訓「たに・やつ・きわめる・やしなう・や」。

——簡単な字の一つ「谷」だが、きわめるや、やしなうの意が。『字訓』（白川静著、平凡社刊）で「谷には神霊化した表現が多い」ことを挙げ、霊験さからか万葉歌にも多く用いられると紹介。昌益が和訓と解く「やつ」については奇しくも「やち」「やつ」の語が東北方面にあり、初期の稲作時代に、その谷水が自然灌漑《かんがい》の源泉をなしていたことから聖地とされた……と『字訓』は解く。因みに「谷神」は谷の中の空虚なところ、転じて宇宙に通ずる玄妙な道。「谷飲《こくいん》」とは谷の水をすくい飲むことから隠者の暮らしを指す。また「谷王」は海の異称、「谷量」は数や量の多いことの例えで『史記』にも載るという。

【豆《タウ》】ハノ如ク、人円身《マルミ》ニシテ直立ノ貌字《すがタ》。「タウ」進木音ニシテ漢音。「トウ」呉音。「ツン」唐音。「マメ・マルミ」和訓。△日本ニテ大豆ト呼ブハ豆《ツン》ノ略言ニシテ、失リナガラ呼ビ倣《ナ》レタリ。唐音ニ呼ブ則ハ大豆《チンツン》ナリ（一五二頁）。

人が身をまるめて立っている姿に象る。「タウ」進木音。漢音「タウ」、呉音「トウ」、唐音「ツン」。訓「まめ・まるみ」。△日本で大豆を「ダイヅ」と呼ぶのは、唐音「ツン」を縮めたもので誤りだが、世間ではこう呼びならわしている。本来、唐音では大豆《チンツン》と読むべき。

——大豆は世界で米や麦、トウモロコシと並び何億トン（大豆だけで二億トン）と収穫する主要穀物の一つ。日本では世界に冠たる和食文化を支え、お馴染み、豆腐、納豆、大豆油などの重宝な原料。大豆には良質なタンパク質が多く含まれることから〝畑の肉〟と称賛される。飽食時代の昨今は豊かなサポニンやイソフラボンが健康美の素などとされ、ブレイク中。

【貝《バイ》】ハ頁《おおがい》ニ対シテ弁ズベシ。貝ハノ如ク小貝ノ象リ。頁ハノ如ク大貝ノ象リ。頭ニ似ル所有ルヲ以《もっ》テ頁《オオガイ》ト為シ、頭ニ似ル所無キヲ以テ貝《コガイ》ト為ス。海介虫、錦文アリ。「バイ」ハ進木音ニシテ漢音。「ホイ」呉音。「フン」唐音。「カイ・コガイ」和訓（一五三頁）。

頁《おおがい》の対。貝は小さな巻き貝に象り、頁はホタテ貝のように大きな貝に象る。頭のような突起があるものを頁《おおがい》、突起がないものを貝《こがい》とする。海産のカイには鮮やかな模様がある。「バイ」進木音。漢音「バイ」、呉音「ホイ」、唐音「フン」。訓「かい・こがい」。

【赤《セキ》】ハ、土《コレ》ハ土《ツチ》ニシテ地ノ言《いい》ナリ。火ハ日中ノ二《コレ》ガ外へ発シ、日光ノ照ラス理ノ言イニシテ、日光地ヲ照ラス則ハ明《アカ》シ、明シハ赤シ、其ノ理字ナリ。「セキ」ハ進火音ニシテ漢音。「シャク」呉音。「セ」唐音。「アカシ・アキラカ・アカク」和訓（一五三頁）。

土は土《つち》で大地の意、火は日の字の二が外へ発したもので、日の光が照らす意を表わす。日の光が大地を照らすときは明るく、「あかるい」は「あかい」に通ずる。「セキ」進木音。漢音「セキ」。呉音「シャク」。唐音「セ」。訓「あかい・あきらか・あかく」。

——明るいは赤いに通ずる——は昌益の言葉に対する感性ともとれそう。が、実は東洋の自然哲学である五行論によると東が青（緑）、南が赤、西が白、北が黒、中央が黄という。『新大字典』によれば「赤」を大と火の合字とし字義を「南方の色」と解く。それは「南方は暖かく陽気は盛ん。ゆえに大と火を合わせてその意を示す」という。ちなみに東方は青、西方は白、北方は黒を表わすと解説する。

【車《シャ》】ハ、二《コレ》ハ両輪ノ象リ、|《コレ》ハ中ノ竺ノ象リ、曰《コレ》ハ荷ヲ乗セル台ノ象リ。故ニ車ヲ横ニ為《ス》レバ、乃《すなわ》チ其《そ》ノ形ニ似セ字ナリ。「シャ」ハ進金音ニシテ呉音。「セヤ」漢音。「セ」唐音。「クルマ・メグル・マワル」和訓（一五四頁）。

二は両輪、|は車軸、曰は荷物を乗せる台に象る。車の字を横にすれば、そのままの形となる。「シャ」は進金音。漢音「セヤ」、呉音「シヤ」、唐音「セ」。訓「くるま・めぐる・まわる」。

【辛《シン》】ハ立木ノ枝ヲ切リ、辛《コ》ノ象リニシテ身ノ潤ヒ辛《カワ》キ辛苦《シンク》スルハ、苦《くる》シハ辛《カラ》シ、辛シハ苦シ、同韻ト象リ字ナリ。「シン」ハ進金音、呉音。「セン」漢音。「セン」唐音。「カラシ・クルシ」和訓（一五四頁）。

立木の枝（八）をはらったさま。裸木（辛）に象る。身に潤いがなく火照って難儀することを辛苦するというのは、辛が裸木で身に潤いがなく乾いたさまを表わし、辛《から》しは苦《くる》しに通じるから。「から・くる」は同音相通。音は「シン」で進金音。漢音「セン」、呉音「シン」、唐音「セン」。訓「からい・くるしい」。

【里】リ

八田土《タガヤスクニ》、誠ニ直耕ノ天子・衆人ノ所住ナリ。「リ」ハ退金音ニシテ呉音。「ヌ」ハ漢音。「ヌ」ハ唐音。「サト・タドコロ」和訓（一五五頁）。

里は耕す（田）ところ（土）の意。まさに農耕をもっぱらとする自然の申し子、百姓の生まれ育ったところを表わす。「リ」退金音。漢音「ヌ」、呉音「リ」、唐音「ヌ」。訓「さと・たどころ」。

――現代の『新大字典』などでも里は田と土の合字と解く。それにしても「里」を自然の申し子・農耕人が生まれ育ったところとは『自然真営道』を著わし〝国民総農業者論〟を唱える昌益ならではの観、面目躍如たる字解だ。

8　八画の部首・文字より――土土《くにぐに》の人にして一人佳《よ》し、佳は誤り

【佳《カ》】ハ土土《クニグニ》ノ人ニシテ一人佳《ヨシ》ト象リ字ナリ。故ニ佳《コレ》ニ書クハ失レリ。「カ」ハ進木音、漢音。「コ」ハ呉音。「カ」唐音。「ヨシ・ヨロコビ」和訓（一五七頁）。

土土《さとざと》の人（イ）の意、転じてよいとの義を表わす。よって佳と書くのは誤り。「カ」進木音。漢音「カ」、呉音「コ」、唐音「カ」。訓「よい・よろこび」。

【幸《カウ》】ハノ如ク似セ字ナリ。「カウ」、進木音・漢音。「コウ」呉音。「クン」ハ唐音。「サイハイ・ヨシ・ヨロコビ」和訓（一五七頁）。

神前で幸いを祈る際に用いる采幣《さいはい》に象る。「カウ」進木音。漢音「カウ」、呉音「コウ」、唐音「クン」。訓「さいわい・よい・よろこび」。

――前出の「辛」によく似た「幸」の字解。昌益は神仏、聖人を評価せずの主義。だからか幸いの字が「幸」を祈る小道具「采幣《さいはい》」の象りから――とさらり解説。ちなみに『新大字典』や『全訳　漢辞海』（三省堂）などでは「夭」（早死にの意）と「屰」（さからう義）の合字とする。その心は、夭折《ようせつ》を逃れること、即ち幸せ――の義となろう。また、皇帝や天子たちの行幸《ぎょうこう》、出御《しゅつぎょ》（おでまし）は人々へ賜りものを伴う、転じて幸をもたらす意味もあ

るとか。

9　九画の部首より――人は食無くしてあらず

【食《ショク》】ハ、亼《コレ》ハ人ナリ、良ハ正シク良シ。人ニ良キハ食ニ過ギタルハ無シ。故ニ人ニ良《ヨシ》ヲ以テ食ノ字ニ作ル、是《こ》レガ食ノ字ノ生マレナリ。「ショク」ハ漢音ナリ、「ジキ」ハ呉音。「ソ」ハ唐音。「メシ・イイ」ハ和訓ナリ（以下略）（一二五頁）。

亼は人、良は正しい・良いとの意を表わす。人にとって食以上のものはないことから、人に良と作る。「ショク」は漢音、「ジキ」は呉音、「ソ」は唐音。「めし・いい」は訓（以下略）。

――昌益は食の字をここでは前述と記述するだけ。これはその当該部分による。

【香《カウ》】ハ、禾《コレ》ハ禾《イネ》ノ穂出ヅル象リ、此ノ時必ズ大暑盛ンナリ。大暑ハ日気ナリ。日気ノ慈《いつく》シミニ因《よ》リテ出ヅル禾《イナボ》ナル故ニ、其ノ気香理《カフバシキ》字ナリ。「カウ」ハ進木音、漢音。「キョウ」呉音。「クン」唐音。「カフバシ・ニホヒ・カホル」和訓（一五九頁）。

禾は稲の穂が出たさまに象る。穂が出る頃は最も暑さが厳しいときで、暑さは太陽・日の働きによってもたらされる。日の働きに助けられて香りの良い禾（いなほ）が出る意から、日に禾を添えて香の字とする。「カウ」進木音。漢音「カウ」、呉音「キョウ」、唐音「クン」。訓「こうばしい・におい・かおる」。

――『新大字典』によれば同じイネ科の植物に属する黍《きび》（もろこし）と甘の字の合字とし、その甘く熟した香ばしい匂いから――と講釈する。香りの字にこれほど深い意味を持たせていたなんてふだん気づくこともないことだろう。昔の人、先人たちは感性もすごい。農業、米作りにひところ携わった者としての実感がある。それは、稲が実る前、幼穂《ようすい》が出て花を咲かせ受粉、穂孕期《ほばらみき》にとてもいい香りが朝露の田んぼ周辺に漂う。稲穂を垂れ実となり、米となり、ご飯となる前の香ばしい、自然の営みを誇示するような匂いである。昌益の時代、いわゆる江戸中期はもちろん、わが国・日本では米、稲が最大公約数の重要作物であった。中国も古来、農を第一義とした歴史がある――と識者は指摘する。昌益は学識を積み、農村出身という己が身上と重ねつつ「香」の字に心を注ぎ遺憾なき字解、ダイジェストとなったのだろう。

10　十画の部首より―直は無私の象《かたど》り字

【馬《バ》】ハノ如ク、頭ハ襟髪《エリ》ノ影ニ有ル象リニシテ、乃チ其ノ形ニ似セ字ナリ。「バ」進木音・漢音。「マ」ハ呉音。「メ」ハ唐音。「ムマ」、「ムマ」ハ「マ」ナリ、和訓（一五九頁）。

たてがみが首の後ろにある動物の姿に似せる。「バ」進木音。漢音「バ」、呉音「マ」、唐音「メ」。訓「うま」。「うま」は「マ」が転じたもの。

——昌益は自著『自然真営道』巻二十四の「法世《ほうせい》物語」や『統道真伝《とうどうしんでん》』の「禽獣《きんじゅう》巻」で馬を登場させ、人家の薪《たきぎ》の精から生まれた——と説く。「法世物語」ではさらに人々と田畑を耕す良い仲間だったことを強調する。しかし、世に聖人、支配者らが現われ、鉄の轡《くつわ》を作り、馬の口に咬《か》ませ自由を奪った。囲いには多くの雌馬《ひんば》を入れ、一頭の牡馬《ぼば》に交配をさせる。翻《ひるがえ》って権力者、聖人と称する者らは、妻のほか、官女、妾《めかけ》たちと昼でも交わることを野馬に等しい行ないと揶揄《やゆ》、糾弾する。馬に情を寄せつつ——の論だが、昨今は「家畜福祉」を唱え〝畜権〟を擁護する畜産農家や研究者らが実践、情報発信と取り組む例もある。

【鬼】キ　ハ（中略）、胴ハ虎《とら》ノ形ニシテ虎ノ皮ノ肌帯《フンドシ》ヲ画《エガ》クナリ。是レ桓武《かんむ》帝ノ時、最澄トイフ僧入唐シテ天台ノ仏法ヲ伝ヒ来タリ、之レヲ弘メント為《シ》テ帝ヲ奉リ誑《たぶら》カシ、「丑寅《うしとら》ノ方ハ鬼門ノ方ニシテ此ノ方ヲ防ガザル則ハ内裏《だいり》ニ邪《タタ》リヲ為ス、比叡山《ひえいざん》ハ内裏ノ丑寅ニ当タル」ト、帝《みかど》、叡山ヲ布施ス（以下略、一六〇頁）。

鬼は（中略）、胴から下は虎の身体・虎の皮のふんどしをつけたさまに象り描いたもの。桓武天皇の時代、最澄が唐へ渡り仏教を学び、帰朝後天台宗を開いて弘めようとして天皇を騙《だま》し、「丑寅《うしとら》の方向は鬼門にあたるのでここを仏の加護で防がないと宮中にたたりがある、比叡山がちょうど丑寅にあたる」と言ってこれを寄進させた（以下略）。

――桓武《かんむ》天皇は光仁天皇の第一子で在位は七八一～八〇六年。最澄（七六六～八二二年）は空海とともに八〇四年、唐へ渡り、翌年帰国、大乗仏教の流れをくむ天台宗を開く。『法華経』を経典とする宗派だ。中国で人の悪夢を食うとされる獏《ばく》は架空だが、マレーバクなどは実在する。昌益がこの項で解く鬼や龍、河童《かっぱ》は想像上の生きもの。虎の皮のふんどし――とは時代を感じさせる表現だが、赤鬼、青鬼どちらもパンツやブリーフでは「ふんどし」以上のフィット感にはならない。（中略）とした下りには鬼などの絵文字を続けて書き込むが「鬼の頭は牛の頭に象り胴から下は虎の身……」と続く。さらに、（以下略）の後は昌益の見解がどんどん記述されていく。いわく、最澄は鬼門を防ぐと言ってここに寺を建て、鬼門の図として牛の頭、虎の身体の鬼を描いた。これを見た人々は丑寅の方角には恐ろしい姿をした鬼がいて人々を取って食うとして、大いに恐れ迷うようになった――と。この状況に乗じた最澄は調子づき、地獄・極楽の図を作りあげ民衆から搾取、布施をまきあげた、とまで書き及ぶ。翻って『新大字典』など「鬼」の項には「死者の霊」「もののけ」などとし、人体をなし裸体に虎の皮の褌《ふんどし》を締めた〝相貌獰悪《そうぼうどうあく》〟な想像上の動物と記述。この辺りは昌益の論と合致する表現もある。昌益はしかし、よほど最澄の信条、行為を許せなかったのか、後半には『自然真営道』を読む者は丑寅の方角は大吉でこれを貴び「それでも丑寅を忌《い》むというのであれば、大晦日・元日の祝儀も止めるべきだ。なぜならば、大晦日は丑、元日は寅だからだ」とし、人はみなこれを祝ってきた。この理論的な矛盾、偽りに気づき「迷いから覚《さ》めるべき」と力説する。昨今、節分の日の豆まきに唱える「鬼は外、福は内」の誦文《じゅもん》を変え、優しい心遣いのイベント催事者、家族らも多い。

【帝《テイ》】ハ及チ天子ノ装束シテ直立ノ貌字ナリ。「テイ」ハ進火音、漢音。「チイ」ハ呉音。「チン」ハ唐音。「ミカド・オオキミ」和訓（一六二頁）。

皇帝が正装して直立しているさまに象る。「テイ」進火音。漢音「テイ」、呉音「チイ」、唐音「チン」。訓「みかど・おおきみ」。

【直《チョク》】ハ、ノ如ク、正居・平座・慎徳・無私ノ字ナリ。「チョク」ハ進金音、呉音。「テヨク」ハ漢音。「ト」ハ唐音。「スナヲ・ナオシ・スグ・マコト・マスグ」和訓（一六二頁）。

直ハ正座して徳を積み、私心のないさまに象る。「チョク」進金音。漢音「テヨク」、唐音「ト」。訓「すなお・なおし・すぐ・まこと・まっすぐ」。

11　十一画の部首より―麻は生育旺盛な衣類となる草

【魚《ギョ》】ハノ如ク、⺈《コレ》ハ頭ノ象リ、田ハ胴ノ象リ灬ハ尾ノ象リニ似セ字ナリ。「ギョ」ハ進金音ニシテ呉音。「ケヨ」ハ漢音。「キ」ハ唐音。「ウヲ・イヲ・サカナ」和訓（一六二頁）。

魚は⺈のように頭、田は胴、灬は尻尾でに象る。「ギョ」進金音。漢音「ケヨ」、呉音「ギョ」、唐音「キ」。訓「うお・いお・さかな」。

【麻《マ》】ハ、广《コレ》ハ广《マエタレカブリ》ニシテ衣類ニ成ル草ナル故ニ广《コレ》ヲ象リ、林《コレ》ハ林ノ如ク並ビ育ツ種《クサ》ナル故ニ林《コレ》ニ象リ字ナリ。「マ」ハ退木音、漢音。「モ」ハ呉音。「マ」ハ唐音。「アサ・ヲ」和訓（一六三頁）。

广は前垂れ冠りに象り、衣類になる草を表わし、林は林のように並び育つ草を表わす。「マ」退木音。漢音「マ」、呉音「モ」、唐音「マ」。訓「あさ・お」。

――麻は織物の原材料となる植物。昌益は自著『自然真営道』などで自らの造語「直耕」とその精神の重要性を説いた。根底が男は田畑を耕し女は機を織る。いわゆる天とともに人のなすべき道「己レ直耕安食スル則ハ、失リ無キ真人ナリ」なのだ。機を織る――は言わずもがなの「麻」と関わり衣食住の一画を担い、耕作は汗にまみれ食物を生産する分野。これらを〝実業〟と表現すれば、いまの世は情報だ、ＩＴだ、とあまりにも〝虚業〟がはびこる――と昌益は嘆くこと必定。時代や産業構造が違う、とか、先進国になったから、とはいえ日本は食料自給率が極端に低いのだからその現実を直視せねば――ともなろう。

12　十二画の部首より——黒は人家の煙なり

【黒】コク　ハ、里ハ、人家ノ並ベルナリ、灬《コレ》ハ火ナリ、火煙ノ象リ、黒煙ヲ遠見スレバ黒シ、故ニ象リ字。「コク」進士音、呉音。「カク」漢音。「カ」ハ唐音。「クロシ・クラシ」和訓（一六四頁）。

里は人家が並ぶ意、灬《れんが》は火を表わす。立ち並ぶ人家から出る煙を遠くから見ると黒いさまを字に象る。「コク」進士音。漢音「カク」、呉音「コク」、唐音「カ」。訓「くろい・くらい」。

——字書によって「黒」は窓からの煙が黒く見えることから——などと定義するが、人家の炉に一家言ある昌益、やはり自説に沿う字解の色合いが濃い。ちなみに日本語『語感の辞典』（岩波書店）によれば、黒は「墨や炭のような暗い色をさし、くだけた会話から文章まで幅広く使われる基本的な和語」と位置づけ。犯罪行為を起こした当人である意の隠語、白と対立……とも記述（要約）。絵画の世界などで黒は青・赤・緑・黄・白などとともに重要な色彩の一つ。

ところで、青森県では野菜の色を生かしてつくった〝おやさいクレヨン〟が話題を呼んでいる。特産のキャベツやナガイモ、ニンジン、トウガラシなどが原料だ。こう記述するだけで緑、赤……と色彩が想像できよう。素材をパウダーにし、クレヨン状に練り固め、絵が描けるまでにした開発者たちの苦労はいかばかりか。完成したクレヨンはカラフルな十色という（『組新聞』ｖｏｌ・０５４、建設工房クーム）。このクレヨンで描かれた絵画は世のベジタリアンたちをうならせるに違いない。

13　十三画の文字より——聖は衆人を掠めとる象り字

【聖《セイ》】ハ耳・口に壬《マカス》ト作ルナレバ、聞クコト言フコト意ニ壬《まか》セテ衆人ヲ掠ムル象リ字ナリ。「セイ」進火音、漢音。「シャウ」呉音。「スン」唐音。「ヒジリ・タクミ」和訓（一六五頁）。

耳、口にまかす（壬）との合字。聞くこと話すこと、己れが意に任せて民衆から収奪するとの意。「セイ」進火音。漢音「セイ」、呉音「ショウ」。唐音「スン」。訓「ひじり・たくみ」。

——これまた昌益独自の字解と言えそう。世上で「聖」の字は和徳が優れ、道理に通じた者を指し、汚れなき人物、天子を意味する。ここで昌益はさらりと解いているが、聖なる人を「正なる人」に置き換え、あくまで庶民、野良で汗して働く直耕人を中心にした昌益理念、社会改革論がのぞく。世では〝釈迦に説法〟という。昌益はまさにその役を理論的に構築しようと試みた世界にも稀《まれ》な思想家なのだ。

【農】ノウ　ハ曲ニ《ツブサ》厂《ハゲシク》　衣《ヤブレゴロモ》　ニナルホドニ耕スト作ル理字。「ノウ・トウ」退土音、呉音。「トウ」漢音。「ツン・ヌン」唐音。「タガヤス・ツトムル・ミチナル」和訓（一六五頁）。

つぶさ（曲）に激（厂）しく、着ているものが破れる（衣）ほど、耕すことに専念することの意。「ノウ・トウ」退土音。漢音「トウ」、呉音「ノウ・トウ」、唐音「ツン・ヌン」。訓「たがやす・つとめる・みちなる（道成る）」。

――昌益が「農」の字をこう解いた。『大言海』（冨山房）では「田畑ヲ耕シ、穀菜ヲ作ルコト」などとし、「農業又ハ其ノコトヲ業トスル人。農民、農人、ヒャクショウ（百姓）」と記述。漢和辞典などで「農」の字は、やはり田を耕す、しかも朝早くから野良に出て――という意味を含ませる。昌益はこれに加えること「着ているものが破れるほど」とした。鋤《すき》や鍬《くわ》という体力勝負から耕耘機《こううんき》、カルチベータや大型コンバインなど機械化の時代へ。農業の現場も汗を流して働く内容も大きく変容しているが、人みな糧《かて》あっての健康、生命であり、農はそれを司る営みであることに変わりはない。彼《か》の二宮尊徳も言う。「農は万業の大本なり」と……。

14　十四画の文字より――穀は売《から》はじけ禾《みのり》出る象り

【穀《コク》】ハ（中略）ミノリノ売《カラ》ガ開《はじ》ケテ中ヨリ禾《ミノリ》ガ出ヅル象リ、⿳士冖木《コレ》ハ實《みの》リノ成リ端《ギワ》ノ蓋《フタ》ノ象リ、殳《コレ》ハ売《カラ》ノ開ケ殳《ヤブルル》象リ字ナリ。「コク」ハ進士音、呉音。「カク」漢音。「カ」ハ唐音。「ミノリ・コメ・アワ・ヒエ・マメ・アヅキ」和訓（一六六頁）。

穀は（中略）皮がはじけて中から実が現れたさまに象り、⿳士冖木は実のなった殻《から》、中の禾は実り、殳は皮がはじけ破れたことを表わす。「コク」進士音。漢音「カク」、呉音「コク」、唐音「カ」。訓「みのり・こめ・あわ・ひえ・まめ・あずき」。

――穀の字は現代でも米をはじめ、黍《きび・ひえ》、大麦、小麦、大・小豆など穀類を括《くく》る言葉だ。江戸時代はもちろん、日本では近現代でも「米」は主食であり得る。実る米、穀類を「穀ト人トニシテ一世界ナリ」とか「穀精ハ人」と説く（『統道真伝』糺仏失）など、食への思いが人一倍が強い昌益、己が理で固《かた》めたと読み取れる脚注で、禾《のぎ》偏や米の字が付く穀類、粟《あわ》稗《ひえ》、そして大豆、小豆を和訓の中に収めたあたりは快挙ともいえよう。昌益が批判の対象に挙げた武士社会の石高《こくだか》や禄《ろく》は正人、真人たる農民の生産物。不耕貪食《ふこうどんしょく》の徒、輩《やから》が勝手に布《し》いた制度、年貢はみな米、穀類がベースであったことは皮肉と言えば皮肉である。

15 十七画の文字より──義は羊を料し饗応する象り

【義】ギ ハ羊ノ秀デタルヲ戈《ホコ》ヲ以テ料シ、饗応ヲ為スヲ義トス、私ノ制ヒ字ナリ《こしら》。「ギ」ハ進金音、呉音。「ケ」漢音。「ケ」唐音。「ヨシ・ノリ」和訓（以下略、一六八頁）。

羊のなかの秀でたものを戈《ほこ》で殺し料理して饗応を催すとの意の合字。「ギ」進金音。漢音「ケ」、呉音「ギ」、唐音「ケ」。訓「よい・のり」（以下略）。

──義は義の音符字とされる。十二支の干支《えと》では今年（二〇一六年）は申年だが去年は未《ひつじ》（羊）年。伏羲《ふっき》を糾弾する昌益、ここでは紳士的な？　義の字解。

以降「羊の字にことよせた字で他にも羊を部首としている字があるので別項」と書き進む。

三　篇・画・冠・台にもとづく文字批判

1、乙《おつにょう》にもとづく文字

【乳《ニウ》】ハ、子、母ノ懐《フトコロ》ニ乚《トド》マリテ乳房《チブサ》ニ爪シテ乳ヲ愛シテ乳《チシル》ヲ飲《ノ》ム象リヲ似セ字ナリ。「ニウ」ハ退金音、呉音。「ネウ」漢音。「ヌン」唐音。「チチ・ヤシナフ・ヤハラグ」和訓（一七八頁）。

子が母親の胸にすがり（乚）乳房に爪（爫）をたて、離さず乳を飲むさまに似せる。「ニウ」進金音。漢音「ニウ」、呉音「ネウ」、唐音「ヌン」。訓「ちち・やしなう・やわらぐ」。

——現代の字書では孚と欠の合字としツバメなどが抱いた卵を爪で返し、孵化《ふか》させることに始まるという。人類出現の前に鳥類の長き歴史からか。乳の字に至る数度の変転はともかく、訓にある「やしなう」や「やわらぐ」は「いつくしむ」、「子を生む」の字義と同じく人類の来し方、人情を伝え温かく、昌益の字解もほのぼのとし、心地よい。

【糺《キウ》】ハ、糸口ヨリ乚《シリゾ》キ出シ、紬《クマ》レルヲ糺《タダ》ス象リ字ナリ。「キウ」ハ進金音、呉音。「ケウ」ハ漢音。「クン」ハ唐音。「タダス・コトハリ・オサム」和訓（一七八頁）。

糸の束からほどき出て（乚）もつれた糸をほぐす意を表わす。「キウ」進金音。漢音「ケウ」、呉音「キウ」、唐音「クン」。訓「ただす・ことわり・おさまる」。――道理をただし判断する「糾弾」の「糾」と同義になる「糺」。昌益が好んで用いた字がこの「糺」で『糺聖失』や『糺仏失』など著作のタイトルにも用いている。糺聖失――は読んで字の如しで「聖人の失り（誤り）をただす」である。また、糺仏失――は「仏教の誤りをただす」と訳されるところ。

2　八にもとづく文字

【公《コウ》】 ハ無言ニシテ入ルヲ八《ヒライ》テ拒《コババ》ザル象リ字ナリ。ムハ無言ナリ。入ルハ私欲ナリ。「コウ」進士音、漢音。「クウ」呉音。「クン」唐音。「ヲヲヤケ・キミ・ヒロシ・タダシイ」和訓（一九二頁）。

ムは無言の象り、貯えていたものを黙って開放して（八＝ひらく）拒まないさま。貯え入れるとは私欲にもとづく行ない。「コウ」進士音。漢音「コウ」、呉音「クウ」、唐音

「クン」。訓「おおやけ・きみ・ひろい・ただしい」。
――公の字義はまさにおおやけであり公平なこと、たいらかなど。字源も今日、八とムの合字でムは私の本字とする。そこから公は私に背き、平等に分かつ義で、私利の反対と解く。昌益論は「貯えて入れるとは私欲にもとづく行ない」と公の立場にある人間を諌《いさ》める。平成二十六年を表わす一字が「税」だった。これに見るように納税者は消費税率アップなどで税の重さに泣く。一方で、税を動かす政治家は政治とカネや不明朗さが顔を出す。あいまいな政務活動費を質され身を律するどころか泣きわめくご仁もあり、公という職責を忘れた事案が後を絶たない。TPP交渉の〝立役者〟甘利明経済再生相のスキャンダルなど論外だ。

【兵《ヘイ》】ハ、斤《コレ》ハ百斤ノ重キ象リ、八《コレ》ハ兀ニ重キヲ乗セ捧グル強力ノ其ノ勢ヒニ似セ字ナリ。「ヘイ」進火音、漢音。「ヒウ・ヒヤウ」呉音。「ヒン」唐音。「ツハモノ・ツヨシ・イキヲイ」和訓（一九二頁）。

斤は百斤《ひやつきん》の重いものの象り、八《コレ》は机（兀）の上にその重いものを乗せ、それを両手で捧げ持つ強力《ごうりき》の意。「ヘイ」進火音。漢音「ヘイ」、呉音「ヒウ・ヒヤウ」、唐音「ヒン」。訓「つわもの・つよい・いきおい」。

――兵や武器を持つ者は必ず争いを起こす――と危惧《きぐ》を抱く昌益。ここでは兵を強力、つわものとしつつも穏やかな字解。某国の政治家であり首相がいう「積極的平和主義」、その心とは、長い間守られてきた武器輸出三原則を解除、特定秘密保護法を布《し》き、平和憲法を曲げて読み「集団的自衛権」を主張することとか。積極的な平和外交の姿はまるで見えず、昌益がこの政権を見たら何とコメントするだろう。あるコミック誌に「戦争を起こすんだよ。その火種がほしいの」というフレーズがあった。戦争など起こっていいはずもないのだが……。

3 冂にもとづく文字

【最《サイ》】

ハ二《ふたた》ビ取レテ冂《ウハカコヘ》スルハ最ノ理字ナリ。「サイ」進木音、漢音。「ソイ」呉音。「シン」唐音。「モットモ・マサル・スグルル」和訓（一九四頁）。

二度取れたものを上から囲うさま冂に作り最とする。音「サイ」進木音。漢音「サイ」、呉音「ソイ」、唐音「シン」。訓「もっとも・まさる・すぐれる」。

――『新大字典』では、本義を「犯し取る」とし、冒からの意を採っており、これまた昌益の独自論か。しかるに現代は、最を「もっとも」とし、この上ない一番の優れもの、あるいはその逆の意味を持つと組み合わせ用いるのが一般的だろう。

4　刀にもとづく文字

【刈《カイ》】ハ、刂ハ刀ノ象リ、メハ左手ニ物ヲ握ル象リ字ナリ。「カイ」進木音、漢音。「コイ」呉音。「キン」唐音。「カル・カリトル・コロス」和訓（二〇二頁）。

刂《りっとう》は刀、メは左手でものを握るさまに象る。「カイ」進木音。漢音「カイ」、呉音「コイ」、唐音「キン」。訓「かる・かりとる・ころす」。

――稲を刈る、草を刈る……。古来、農業の原型ともいえる作業。「ころす」の読み方（和訓）は『新漢語林』（大修館書店）などでも記述する。動物は生きているが草木にも命あり、の慈しみが感じられる字解。刈った稲は籾《もみ》から精白にされて「米」となる。稲わらや雑草は家畜の餌や敷き草となり巡りめぐって人間を養う。「いただきます」や「ごちそうさま」の挨拶《あいさつ》は料理を作った人への感謝、マナーだけではなく〝殺され〟食べられる家畜、草木、食材への心遣いともいう。

【初】ショ ハ衣ヲ刀《タチ》、縫《ヌ》イ着ルノ初メト象リ字ナリ。「ショ」進金音、呉音。「セヨ」漢音。「セ」唐音。「ハジメ・ウイ・ソメ」和訓（以下略、二〇三頁）。

布（衤）を裁ち（刀）着物を縫い、はじめて袖を通す意に作る。「ショ」進金音。漢音「セヨ」、呉音「セ」、唐音「セ」。訓「はじめ・うい・そめ」（以下略）。

——ここまでは従来のフォーム、パターンでの字解。だが、その後に「然シテ、初ハ衣ヲ刀《タチ》、着初《キソム》ルニシテ、此ノ始メノ人身ノ始メノ後ナリ」などと長い解説を繰り広げる。要約すれば、着物を仕立てて着初めるのは人がこの世に生を受けて後のこと。だから、万物生成以前の気のはじめに「初」の字を用いるは大いなる間違い。つまり、母親（女）の胎内に子が宿り、人身がかたどりをなすはじめには「始」の字を用い、出生して衣類を身に着けるはじめに「初」を用いるのが理にかなっている。ところが昌益論はここで終わらない。なにを論じているのか。答えは「古聖未ダ気ノハジメノ字之レオ知ラズ、故ニ所有《アラユル》字書ニ気ノハジメノ字見ヘズ」と指摘。追うのは日ごろ、庶民、生活者に対して偉そうなことをいう聖人たちは「初」と「始」の依《よ》ってきたる字源を知らないとみえて初の字だけを字書に載せている——というのだ。昌益、いまならあれこれ難癖《なんくせ》をつける〝字書クレーマー〃と間違われそうだ。

【則《ソク》】ハ刀ヲ以テ貝《カコヘモノ》ヲ制《コシラヘ》ル象リ字ナリ。貝ヲ制《ツク》ルハ其ノ物ニ似セテ違フコト無ク、則《スナハチ》ト作ル象リ字ナリ。「ソク」進士音、漢音。「スク」呉音。「ソ」ハ唐音。「スナハチ・ノリ・ノットル・ツグ・フタツナシ」和訓（二〇四頁）。

小刀（刂）を使って宝物（貝）を作る意に象る。宝物を作る際は、そのものそっくりに似せて作り、寸分の違いもなく、則ちそっくりに作るものとされている。「ソク」進士音。漢音「ソク」、呉音「スク」、唐音「ソ」。訓「すなわち・のり・のっとる・つぐ・ふたつとない」。

――すなわち、のっとる――はもちろん今日でも使う。則の字源は物貨を等分するところからとされ、貝（財貨）と刀を合わせた字という。一方、刀と鼎《かなえ》の合字とするのは「鼎にスープや肉を入れすぐそばにナイフを添えたさま」（改訂新版『漢字源』学研）と現代的な訳しも加わることから、字源訳も進化するのだろう。

5　力にもとづく文字

【加】カ　ハ口ノ力ニシテ、口ニ物ヲ噛合《クワ》ヘ、又喰得《クハエ》ルト云フコトニシテ、一ツヲ二ツニ増スノ義理ニ非ズ、又口言ヲ増スハ加《クワヘ》トスベシ。今ノ世マデ一ツヲ二ツニ増スヲ加ヘルト覚ヒ来ルコト妄リニ失レリ。「カ」進木音、漢音。「コ」呉音。「カ」唐音。「クハエル・タスク」和訓（二〇六頁）。

口の力と作り、口にものを銜《くわ》えるの意で噛《か》み合《あ》え、また喰《く》い得《え》の転。一つ二つと増す意のくわえるではない。ただし、ものを言う（口）のを増すばあいは、加えるとしてよい。これまで、一つ二つと増す意に加えるを用いてきたのは、大きな誤り。「カ」進木音。漢音「カ」、呉音「コ」、唐音「カ」。訓「くわえる・たすける」。

――『新大字典』で本義はまさに語を増し加える――と昌益論を裏付ける。字義は「かさねる、ます、あわせる」、さらには「しのぐ、犯す、うつ」などと広い。

【助】ジョ　ハ且《シバラク》ノ力ト象リ字。「ジョ」進金音、呉音。「セヨ」漢音。「セ」唐音。「タスクル・スケル・スケ」和訓（二〇七頁）。

且《しばらく》の力と象り、力を添える意を表わす。「ジョ」進金音。漢音「セヨ」、呉音「ジョ」、唐音「セ」。訓「たすける・すける・すけ」。

【効《カウ》】ハ方ニ交リテ力《ツトム》ト象リ字。「カウ」進木音、漢音。「コウ」呉音。「クン」唐音。「シルシ・アラハル」和訓（二〇七頁）。

あれこれ（交）手だてを尽くして努める（力）と象る。「カウ」進木音。漢音「カウ」、呉音「コウ」、唐音「クン」。和訓「しるし・あらわれる」。

【勃《ボツ》】ハ子《コドモ》ニ⿱十冖（コ）ノ如クノ冠スレバ急ニ力《リキ》ミ出ス象リ字。「ボツ」進土音、呉音。「ハツ」漢音。「ハ」唐音。「ニハカ・ウロタヘ・ボツトデル」和訓（二〇七頁）。

子供に立派な冠り（⿱十冖）を着けてやると俄《にわか》に緊張して力み出すさまに象る。「ボツ」進土音。漢音「ハツ」、呉音「ボツ」、唐音「ハ」。訓「にわか・うろたえ・ぼっとでる（注＝急に顔色が変わる）」。

――戦争が始まることを勃発、というが肉食系男子はさて……。

【勉《ベン》】ハ免《ユル》シテ力《ツトム》象リ字。「ベン」進火音、漢音。「ホン」呉音。「ベン」唐音。「ツトム・ユルクツトム」和訓（二〇七頁）。

免《ゆる》して努める（力）と象る。「ベン」進火音。漢音「ベン」、呉音「ホン」、唐音「ベン」。訓「つとめる・ゆるくつとめる」。

【勝】シャウ ハ肉ヲ　券《イタツガハシク》シ、又肉ヲ关《マイ》テ力スト象リ字ナリ。「シャウ」進金音、呉音。「セヤウ」漢音。「スン」唐音。「スグルル・マサルル・ツヨシ・タヘタリ」和訓（二〇八頁）。

筋肉（月）を労する（券）さま、また腕をまきつけて（关）力を入れるさまに象る。「シャウ」進金音。漢音「セヤウ」、呉音「シャウ」、唐音「スン」。訓「すぐれる・まさる・つよい・たえたり（耐）」。

【労】ラウ ハ力弱リ炏《ネツヲコ》発リ冖《ウスギ》好ムト象リ字ナリ。「ラウ」退木音、漢音。「ロウ」呉音。「ルン」唐音。「ツカルル・イタワル・ヲトロフ」和訓（二〇八頁）。

力が弱り、熱（炏）が出て薄着（冖）を好むさまに象る。「ラウ」退木音。漢音「ラウ」、呉音「ロウ」、唐音「ルン」。訓「つかれる・いたわる・おとろえる」。

――現代訳の字源は労働の「労」で力を尽くし「はたらく」の意味をにじませ（『新大字典』）、つかれる、ねぎらう――などへと字義を解く。汗して働く意義を前面に出したはずの昌益思想、解説不足か。

6　匕にもとづく文字

【老《ラウ》】ハ者《ヒト》日々ニ匕《カハリ》、終《つい》ニ老《オイヌ》、故ニ耂（コレ）ト匕（コレ）ニシテ、老《ラウ》。「ラウ」進木音、漢音。「ロウ」呉音。「ルン」唐音。「トシヨリ・ヲトナ・オヒノミ・オヒル」和訓（二一一頁）。

　者《ひと》は日々に成長し変わり（匕）、ついには年取っておいる意を、者の字の日に変えて匕を添えて老の字とする。「ラウ」進木音。漢音「ラウ」、呉音「ロウ」、唐音「ルン」。訓「としより・おとな・おいのみ・おいる」。

――日本はいま、世界に冠たる長寿社会だが、老いの範疇《はんちゅう》や如何《いか》に……。六五歳以上の人が五〇パーセントを超し、若い女性や後継者がいないと限界集落となり、やがて崩壊し消えゆく運命の地方、農山漁村が多い。ひところ、後期高齢者という表現が大いなる論議を呼んだこともあった。

7　十にもとづく文字

【十《シフ》】ハ、一《コレ》ハ進気、丨《コレ》ハ退気、進退合和シテ十ナリ。故ニ一ツ、二ツ、三ツ、四ツ、此《こ》ノツハ一《コレ》ナリ、六ツ、七ツ、八ツ、九ツ、此ノツハ丨《コレ》ナリ。是レ五自《ヒト》リ進ム気ハ一《コレ》、五ヒトリ退ク気ハ丨《コレ》、故ニ「ツツ」ハ十《トホ》ナリ。十《シフ》ハ「ツヅ・トホ・トタビ」和訓（二二四頁）。

一は進気、丨は退気の象り、進退の気が和合したさまを表わし十に作る。一つ二つ三つ四つの「つ」が丨、六つ七つ八つ九つの「つ」が丨《これ》で、いずれも自然数である五が進んだもの一、退いたもの丨の意。よって進退の気の和合である十は「つ」と「つ」で「つづ」。訓「つづ・とお・とたび」。

――現代では九に一を加えた数とか、五の倍数などを字源とし、ものごとが完全に備わっていることを表わす。一は東西、丨は南北を指す意から上下四方みな備わった義だ。ちなみに「十王」は十人の王、冥府《めいふ》で死者を裁くという閻魔《えんま》大王ら十王を指す。「十雨」とは十日に一度くらい、農作物の生長にほどよくふる雨のこと。

【博《ハク》】一ヨリ十マデ専ラニス理字。進木音、漢音。「ホク」呉音。「ハ」唐音。「ヒロク・トホル・アマネク・ヲヲヒナリ・アキラカ」和訓（二一六頁）。

一から十まですべてを専《もっぱ》らにするとの意を表わす。「ハク」進木音。漢音「ハク」、呉音「ホク」、唐音「ハ」。訓「ひろく・とおる・あまねく・おおいに・あきらか」。

――博士、博識、博物の博だが、一方では博徒《ばくと》にも使う。昌益はその博識、博文ぶりから「博覧（博聞）強記」の人であろう。

8　卩《わりふ》にもとづく文字

【印《イン》】ハ、㔾《コレ》ハノ如ク、居判《スヘハン》・刻判《ワリハン》等ノ半分ノ象リ、又半分卩《ホドヨ》クスレバ乃チ其ノ印《シルシ》ト象リ字ナリ。進木音、呉音。「エン」漢音。「エン」唐音。「シルシ・ヲシデ・マコト」和訓（二一七頁）。

㔾は花押《かおう》や割印《わりいん》などの半分に象《かたど》る。また半分がきちんと（卩）していればそのものを量る印《しるし》となるとの意に象る。「イン」進木音。「エン」は漢音、「イン」は呉音、「エン」は唐音。訓「しるし・おしで・まこと」。

――古来の字源は執政者、権力者が持つ印璽《いんじ》から。権力者嫌いの昌益はこれを承知のうえでの字解だろう。欧米先進国はサインだが日本はハンコ社会。私的には不動産売買や各種契約書、協定書などのほか、役所、会社の決済……と印鑑使用は多い。印章の元となった花押《かおう》は書判ともいうが、画家などの芸術家のサイン、落款を含め、一般人と距離感あり。まして天皇の印である御璽《ぎょじ》、玉璽《ぎょくじ》においてをや……。

【令《レイ》】ハ人一《ヒトヒト》タビ卩《ほどよ》シト象リ字。退火音、漢音。「リイ」呉音。「リン」唐音。「セシム・サスル・ヲシユル・シテ・ヲヲセ」和訓（二一七頁）。

人に一度ならかまわない良い（卩）との合字。「レイ」退火音。漢音「レイ」、呉音「リイ」、唐音「リン」。訓「せしめる・させる・おしえる・して・おおせ」。

――支配者を嫌い男女、人みな平等を理想社会とした昌益。レジスタンスをちょいのぞかせか。『新大字典』などでは令の字源を人と卩の合字とし「上に立つ人の下命戒告をいう」と解く。ちなみに「令愛」は他人の娘の敬称で、「令嬢」と同じ意。さらに「令玉」も同様に使うとか。現代は昌益が唱えた女性尊重の世。真剣度や実効のほどはともかく「輝く女性の時代」は直近政権のキャッチフレーズ。だが、いまの日本、若い女性たちは地方のみならず都会からも姿を消してしまいそうで危機感が漂う。

9 ムにもとづく文字

【去《キョ》】ハ土《トコロ》ヲム《ワタクシ》スル故ニ捨《ステ》ラル理字ナリ。進金音、呉音。「ケヨ」漢音。「ケ」唐音。「サム・サラルル・ステル・ステラル・ワカル・スツ」和訓（二二〇頁）。

土地を私有（ム《わたくし》）して人々から見捨てられる意に作る。「キヨ」進金音。漢音「ケヨ」、呉音「キヨ」、唐音「ケ」。訓「さる・さられる・すてる・すてられる・わかれる・すつ」。——今日では字源、字義に各論あり——が実態。字源は大とム《きょ》の合字とし字義も退くや死ぬ、あるいは借りて「さる」など。昌益は土地を耕す大切さから土に「トコロ」とルビを振り「去る」の字解をさらりと補強したのだろう。

10 人にもとづく文字

【人《ジン》】転定ノ中間ニ在リテ転定ニ人象リ《またがル》、生マレ。「ジン」進金音。「セン」ハ漢音。「シン」ハ呉音。「セン」ハ唐音。「ヒト・マタガル」和訓（一三一頁）。

人は天地のあいだに生まれ、天地に通じる存在であるとして、天地にまたがり足を張ったさまを字としたもの。「ジン」進金音。漢音「セン」、呉音「シン」、唐音「セン」。訓「ひと・またがる」。

――象形文字の象徴的な字体だが、人を側面から見てのこと。正面から見ると大の字と『新大字典』は解く。読みはジン、ニン、ひと――で、「またがる」は昌益独自の読みか。この〝跨《またが》る論〟は昌益の人の捉え方そのものの違いからきている。「人ハ五穀ノ精神ニシテ而《しか》モ自然天地ノ真妙《しんみょう》ナリ」、即ち、人は五穀に生かされ、五穀は天地のエネルギーによって産する（真妙）……という基底からのもの。しかも昌益はこの天地も独自の理念から「転定」と改め、自著などに用いた。それは「男女」と書いて「ひと」と読ませ、稲を「命《いのち》根《ね》」や「寿根《いね》」と根源を探り、言い換えるように。

「人」はよく人との支え合う形からといわれる。我が国で漢字学の第一人者と評される白川静さん（故人）も「人」は人が横向きになった姿を表わした漢字という。この姿を正面から見れば「大」になり、この上に大きな頭を加えたのが「天」の字――となる。いわば人の一番上にある頭を意味する「天」から、空の天の意味になった（『白川静さんに学ぶ漢字は楽しい』白川静監修、小山鉄郎著、共同通信社刊）と繋がっていくが、昌益の「天」字解はまた違う（「天」の項参照）。

【仁《ジン》】ハ二人ニシテ、夫婦互ヒニ慈《いつく》シミ愛シ悪《にく》ムコト無キ理字ナリ。進金音、呉音。「セン」漢音。「セン」唐音。「メグミ・アハレム・ホドコス」和訓（二二三頁）。

二人（イ）と象り、夫婦が互いに愛し慈しみ、憎むことがないさまを表わす。「ジン」進金音。漢音「セン」、呉音「ジン」、唐音「セン」。訓「めぐみ・あわれむ・ほどこす」。

――現代の字書では「人に対する親しみやいつくしみ」の気持ちや「人徳」などを字義に充てる。昌益は人間愛の根底が男女であり夫婦の情愛、慈しみを大切にするフェミニスト。この字でも他人への仁ではない男女、夫婦の心、所作のあり方を強調して理にかなう字と昌益は解いた。

【仂《ロク》】ハ人ノ力《ツトメ》ト象リ字。退土音、呉音。「ラク」漢音。「ラ」唐音。「ツトメ・ハタラキ」和訓（二二三頁）。

人（イ）のなすべきことを励む（力）と象る。「ロク」退土音。漢音「ヲク」、呉音「ロク」、唐音「ラ」。訓「つとめ・はたらき」。

――仂は「働」の略字とされるが、働は国字で、中国でも用いるという。

【仏《ブツ》】人ム《ムクチ》ニナリ言《モノイ》ハザルハ死ナリ。又人ニ弗《コレ》ハ弓ニ川《コレ》ハ矢二筋ニ射殺《イコロ》シタル象リ弗《コレ》ニシテ、弗《コレ》ハ乃《すなわ》チ死スルナリ。故ニ佛ハ人川《フタスヂ》ノ弓ニテ射殺シタル死ノ象リ。故ニ仏モ佛モ死人ノ象リナリ。故ニ仏法ハ人死シテ天地ト成リ五十日ニシテ生ヲナス自然ノ道ヲ知ラズ、人ノ死後ニ地獄・極楽ノ法《コシラヘ》シテ世ヲ迷ハシ、心施ヲ貪《むさぼ》リ己レヲ利スル其ノ具ヒニ制字《コシラヘ》ナリ。佛《ブツ》、仏《ブツ》ハ進水音ニシテ呉音。「ホツ」ハ漢音。「ホ」ハ唐音。「ホドケ・ココロノナ・ムサボリ・ダマス・タブラカス・マイス・ミチヌスビト」和訓（二二四頁）。

人（イ）がものを言えず無言（ム）になるとは、死を意味する。また同字の佛も、弗は弓に二筋の矢（川）とも象り射殺す意で、人（イ）に弗は射殺された人、死人を意味し、仏も佛も、ともに死人を表わす。仏教は、人が死して後五十日を経てふたたび生を受けるという自然の法則を知らず、死後の世界に地獄・極楽といったでたらめをこしらえあげ、世の人々を惑わし布施を貪り取る坊主にとっての、現世利益のための虚構にしかすぎないことをよく表わしている文字である。「ブツ」進水音。漢音「ホツ」、呉音「ブツ」、唐音「ホ」。訓「ほとけ・こころのな・むさぼり・だます・たぶらかす・まいす（売僧）・みちぬすびと」。

——これぞ昌益の独創的な字解か。漢和辞典などで「仏（佛）」は梵語から仏陀の音訳……とし字義には、もとる、逆らう、などをも記述。しかし。「和義」いわゆる日本流の意として仏さま、死んだ人、温和な人を指すとし、フランス国や貨幣（フラン）の単位にも用いると記述する。字解する昌益、ここでのインパクトは「死後の世界に地獄・極楽といったでたらめをこしらえあげ、世の人々を惑わし布施《ふせ》を貪《むさぼ》り取る坊主の虚構をよく表わしている」と喝破、その身勝手さを大いに嘆く。昌益は江戸時代、京都で修行中、仏僧らの醜いご乱行を数々、例えば若い修行者を性的に犯す僧侶らの実像を目の辺りにし、嫌気がさして医学の門、思想家への道に入ったといわれる。その思いは和訓へも及んだのか「こころのな」とは心無しの意か。「まいす」は売る＋僧で物売りをする僧、あるいは仏法を売り物にする俗僧。もともと禅僧で商行為をする僧をさげすむ言葉という。「売子」とも書くと『広辞苑』には載るが、これでは新幹線などの車内販売スタッフらが怒りそう。僧侶らを「みちぬすびと」（道盗人）との訳なればその任にある人や関係者も心穏やかとはいくまいが……。

【仙】セン　ハ人ノ山ニ入リ死セズシテ山人ニナルト制《ツク》ル字ナリ。「セン」ハ進火音ニシテ漢音。「シン」ハ呉音。「セン」ハ唐音。「ヤマビト・ソマ・ウツル」和訓

（二二四頁）。

人（イ）が山へ入って修行して不死となり、山人になると作る。「セン」進火音。漢音「セン」、呉音「シン」、唐音「セン」。訓「やまびと・そま（杣人）・うつる」。

——もともと「屳《けん》」という字だったとか。人に山を合わせ、「穀を食わず山に棲《す》み、長生不老を修める人、山人」（『新大字典』）。いまはあまり見られない字「杣《そま》」を充てる杣人は木こりの意。かつては冬、雪の山中で質のいい建材や暖房用の薪《まき》を伐る人たちを〝山子《やまご》〟と呼んだがいまは言い換えられる。昌益は質素な暮らしぶり、非凡なる才覚ぶりから仙人の風貌が重なるが、医師となれば〝赤ヒゲ〟も支持されそうだ。ところで不思議な木の実とは桃を指し「仙果」と呼ぶが、これは仙人が食べる果実から。妙なる音楽は「仙楽」と表現し、「仙人酒」とは酒類ではなく乳の異名という。

【企】キ

是レ失《アヤマ》レリ、人ヲ止《トド》メテ何ノクワダツルコトカ有ラン。故ニ人ヲ建起《タテヲコ》シ、仚ト制《ツクル》ベシ。一理然リ、而シテ人ノ為ルコトヲ止メテ己レヲ加ヘ立ツル故ニ企《クハダツ》ト為ル、是レモ一理字ナリ。「キ」ハ進金音、呉音。「ケ」ハ漢音。「ケ」ハ唐音。「クハダツ・ノゾム・クビス」和訓（二二六頁）。

字解は誤り。人を止めおいて何を企てることができるというのであろうか。人を立ち上がらせ（巳）、仚《くわだ》ててこそ理にかなう。もっとも、他人がすることを制止して、自分の意見を加え自分を立てて、企てるというのならそれなりに一理ある。「キ」進金音。漢音「ケ」、呉音「キ」、唐音「ケ」。訓「くわだてる・のぞむ・くびす（踵）」。

——この字は冒頭から「人を止めおいて」何をくわだてんとするのか——とその根拠の浅さを突く。それに留まらず「他人のすることを制止して、自分を立てるならそれなりに理あり……」と痛快。これぞ「私制字書」の特権か。それもこれも他人を嘲《あざけ》り、誑《たぶら》かすは厳に慎むべしと、根底にある昌益理念にして説ける論であろう。

【伏《フク》】ハ人ヲ犬《ケモノ》ニシテ無理ニ推《ヲ》シ伏セルノ理字ナリ。人ヲ犬ニスルト作ル故ニ、人ヲ推シ伏セテ道ヲ盗ミタルニ違ヒ無キコトヲ明ラカナル字ノ作リ様カナ。故ニ義ニ伏スルニ非ズ、人ヲ犬ニシテ己レガ義ヲ立テ王ト為ルコト、伏ノ字ニ因リテ見ハレタリ。「フク」進水音ニシテ呉音。「ホク」漢音。「ホ」ハ唐音。「フス・カクス・ウカガフ・ヌスム・シタガフ」和訓（二二七頁）。

人（イ）を獣（犬）として扱い、むりやり屈伏させるとの意に作る。人を犬にすると作っていることで、人を押しひしぎ、人の道に背いていることが、疑いもなく明白になる。つまり、伏義は義に伏して従うどころか、人々を獣に落とし込め、自分に都合のよい正義を振りまわし皇帝となったことが、伏の字を見てさえわかる。「フク」進水音。漢音「ホク」、呉音「フク」、唐音「ホ」。訓「ふす・かくす・うかがう・ぬすむ・したがう」。

——昌益は文字と権力とは相前後して発生、文字の起源を特定の人のおぞましい作為的なもの——とし批判的だ。既述の通りそれは人々を支配し、勝手に税制を定め、正人の労働果実を搾取する手段の一つと考えたから。税制を維持するため文字は必要だった——との説が文字学者らのなかにあるのも確かだ。具体的に昌益が名指しで槍玉《やりだま》に挙げたのが「伏」の字を冠する「伏義」であり、神農《しんのう》、黄帝《こうてい》、堯《ぎょう》、舜《しゅん》、禹王《うおう》、周公、孔子ら。中国にとどまらず徳川家康（家安、権現公とも記述）やインドの釈迦に及ぶ（ちなみに、「釈迦ハ不耕盗道ノ大罪人ナリ」などと記す）。

【似】ジ　ハ人ヲ以《オモヘミレ》バ万万人ガ一人ニ似タリト制《こしら》ヒ字ナリ（中略）。「ニタリ・ソシル・マネスル・タグイ」和訓（二二八頁）。

人（イ）を思いやれば（以《おもんみる》）、万々人といえども一人と同じであり、似て見えると作る（中略）。訓「にている・そしる・まねする・たぐい」。

——万々人にして一人——とは昌益思想の本懐である。そしる——が誹る、けなす意なら昌益独自の解釈で〝人まねし馬鹿にする〟意か。昌益読みにある「たぐい」は漢字で「類」

と書くが、それなら「似る」、イコール「類する」と取れなくもない。現代の字典などでは「まねする」「かたどる」なども字義に挙げるが……。

【位】イ ハ、人、上ニ立ツルト作リ字ナリ（中略）。「イ」ハ進金音ニシテ呉音。「ヱ」ハ漢音。「ヱ」ハ唐音。「クライ・ノゾム・ツラナル・ヲス・カリ・ヲシム・タカブル」和訓（二二九頁）。

人（イ）を上に立てると作る（中略）。「イ」進金音。漢音「ヱ」、呉音「イ」、唐音「ヱ」。訓「くらい・のぞむ・つらなる・おす《推》・かり・おしむ・たかぶる」。

――君主の身分、官職の等級なども意味する字。人の上に立つな、と諭した昌益だがここではさらりとかわした。「カリ」は仮――との説もあるが意味不明。「カイ（階）」ならば「位階」という語句もあり、「カイ」の表記違いか。

【体】ホン ハ、人ハ転《テン》九・定九《チ》（ノ）八十一ヲ尽クシテ本人《モト》ト成ル理字ナリ。「ホン」ハ進土音ニシテ漢音。「フン」ハ呉音。「ホン」唐音。「ミ・タイ・スガタ」和訓（二二九頁）。

人（イ）は天の九数・地の九数、九九・八十一の全要素を本《もと》として生まれて来る意に作る。八と十と一の組み合わせで本の字とする。「ホン」進土音。漢音「ホン」、呉音「フン」、唐音「ホン」。訓「み・たい・すがた」。

――掛け算の九九が「体」の字解に出現しようとは昌益らしく独創性に富む。「ホン《体》」は音字。常用音訓はタイ、テイ、からだ、だが「体」は「體」の俗字とされ「躰《からだ》」を略し「体」に変化したとされる。

【促《ソク》】ハ、人、足《タル》コトト作ル字ナリ。「ソク」ハ進士音ニシテ漢音。「スク」ハ呉音。「ソ」ハ唐音。「ウナガス・モヨフス・スミヤカ・チカシ・ウレエズ・ヨロコブ」和訓（二三一頁）。

人（イ）が満足する意に作る。音ソク・進士音。漢ソク。呉スク。唐ソ。訓うながす・もよおす・すみやか・ちかい・うれえず・よろこぶ。

――常用音訓ではそく、うながすが一般的でいそがしい、つつしむなども字義に含む。昌益はイに足ると字を分解し学ぶ者が記憶しやすいように優しく解く。昌益字書にはこうしたケースも目立つ。具体的に挙げれば「例」は人（イ）のなすべきことを列《つら》ね考えると象る――などのように。

【侵《シン》】ハ、人、彐《ヨコギ》ニ冖《ウスカブリ》シテ又《ふたたビ》ト象リ字（中略）。「ヲカス・イタム・ケガス」和訓（二三一頁）。

人（亻）が武器（⺕）を隠しもって（冖）、くり返し（又）押し入るに象る（中略）。訓「おかす・いたむ・けがす」。

――この字、実は箒《ほうき》で順次掃《は》くことから転じ犯す、攻め入る義にもなったとか。侵略は昌益が最も警戒し、人の世から退けようとしたもの。「武器を隠しもち、くり返し押し入る」というこの字解にも、侵略を忌まわしく思う気持ちが滲《にじ》む。人類で厄介なことは民族意識と宗教、そして領土問題という。民族や領土はお互いが認め合い攻めず侵さず、宗教は他教尊重を旨とすれば世界は未来永劫《えいごう》、人種、国境を越え平和なのだが……。

【信】 シン ハ人ノ言ヲバ偽リヲ言フトモ、吾《わレ》之レヲ信ゼト作ル字（中略）。「マコト・シルシ・タガハズ」和訓（二三二頁）。

人（亻）がたとえ嘘《うそ》を言ったとしても、その言葉を信ずると作る（中略）。訓「まこと・しるし・たがわず」。

――まことは誠、真にも通ずる。本来は「人の嘘、いつわりのない言」を信に託したものだろうが、昌益はさらに踏み込み受け手の心に重きを置いた。

【俊】 シュン ハ、人、厶《ムクチ》ニシテ八《イヲヒラキ》、夂《トクアラハルル》カタドリ。「シュン」ハ進金音ニシテ呉音。「セユン」漢音。「セン」唐音。「トシ・タカシ・スグル」和訓（二三二頁)。

人(イ)が無言(ム)だったのが、胸を開いて(八)思いのたけを矢継ぎばやに(夊《すすむ》)言うさまに象る。「シュン」進金音。漢音「セユン」、呉音「シュン」、唐音「セン」。訓「はやい・たかい・すぐれる」。

【保《ホウ》】ハ人ノ口《イフコト》ヲ木《ヒラギ》ニシテ折《クジ》クコト勿レト作レル字ナリ(以下略、二三二頁)。

人(イ)の言うこと(口)をそのまま(木《ひらぎ》)受けとめて、話の腰を折ったりしないようにと作る(以下略)。

【俳《ハイ》】ハ人非《ナ》シト作ル字。「ハイ」ハ進木音、漢音。「ホイ」ハ呉音。「ヒン」ハ唐音。「タヲルル・タチモドル」和訓(二三三頁)。

人事(イ)不省(非)になるさまに作る。「ハイ」進木音。漢音「ハイ」、呉音「ホイ」、唐音「ヒン」。訓「たおれる・たちもどる」。

——俳句の俳の字だが、字義はたわむれ、おどけ、すたれる、たちもとおる(立ち徘《もとお》る・徊《もとお》る=立ち戻る意)、さまよう——など。五・七・五の文字を連ねる俳句=俳諧の諧も、ととのう、やわらぐ、のほか、おどけなどを含み、日本特有の短詩はこっけい、たわむれの意味を引く。現代の字典では徘徊の徘の字も俳と同義にみなす。そういえば文豪・夏目漱石の「三四郎」に三四郎は勉強家というよりむしろ彽徊家《ていかいか》なので――との文節がある。彽徊とは思索しながらあちこちさまよい歩くこと。「彽」にはたちもどる――の意あり。彽徊家や彽徊趣味の表現は漱石の造語とか。昌益にも作字や造語癖があったが、漢字そのものを自分の理やイメージに合わせ膨らませた結果だからアカデミズム、学術的な〝知能犯〟、〝確信犯〟となろうか。

【倍】バイ ハ、人、口ヲ立テル、己レヲ利スト象リ字（中略）。「マス・フエル」和訓（二三三頁）。

人（イ）が声高く言い（口）立て、自分を利するさまに象る（中略）。訓「ます・ふえる」。――「倍返し」なることばが流行《はや》った。字義には「ばいまし」があり、いやしい、そらよみする義も。なお、倍常《ばいじょう》とは三丈二尺を指す。昔の八尺を尋（じん・ひろ）といい、尋の二倍が常、転じて非常に大きいことの意という。

【俵】ヘウ ハ人ノ表《ヲモテ》ト作ルコト。「ナヌシ・キモイリ」等ニ用ユベキ字ナリ。米ヲ入ルル「タハラ・ヘウ」ニ用ユルハ大イニ失リナリ。故ニ手稿《タワラ》ト云イテ稿ヲ手ヲ以テ編ンデ米ヲ入ルル故ニ手稿《タワラ》ト呼ブ。故ニ［禾＋表］《タハラ》（ヘウ）トシテ用ユベシ（以下略、二三五頁）。

人（イ）の表と作り、正面に立つさまに作る。名主・肝煎《きもいり》等に用いるべき字である。米を入れる俵《たわら》に用いるのは大きな間違いである。たわらは、もともと藁《わら》を手で編んだところから手藁《たわら》と言ったもので、⿰禾表と改めるべきである（以下略）。

――和義では「たわら」だが、字義には「あたえる、わかつ」などあり。出生、生立ちほか、今なおなぞ多き昌益。だが、生誕の地・大館市二井田の生家はこの字解で奇しくも表現される名主、肝煎《きもい》り格、言わば村長《むらおさ》的な存在だったという。字のつくりから推すと井上ひさしが読む昌益論、「こじつけ、こじつけて最後には『字彝《じい》』を論破する」さまに映る。が、禾偏に表、「⿰禾表」とはいかにもありそうな字で、「ここは昌益の感性かギャグ的センスに軍配となろうか。それほど理と説得力が伴う痛快な解釈の一つ。出来秋には収穫した米や穀類を入れ重宝したこの俵も昨今は麻袋《またい》や紙袋、ビニール袋、大型移送用では「フレコン（フレキシブル・コンテナ）」などにとって代わられ、あまり日の目を見ず、死に体の様相だ。

【備《ビ》】 ハ人ヲ用ユルガ若《ごと》クト理字。「ヒ」ハ進金音、呉音。「ヘ」ハ漢音。「ヒ」は唐音。「ソナハル・ツブサ」和訓（二二六頁）。

人（イ）を用いている若《ごと》く、すみずみまで行き届いている意に作る。「ビ」進金音。漢音「ヘ」、呉音「ビ」。訓「そなわる・つぶさ」。

――「備」は昌益の思想、理念の展開でも重要な意味を持つ一字。即ち「備道ハ人ニ備ハル耕道ナリ」なのだ。『広辞苑』や他の辞書には「美道」は載っていてもこの言葉はなく、昌益の造語とされるなかの一つ。解きほぐすと「自然が万民に与えた恵み、人間に備わる道で、それは耕すこと」となろう。昌益が望んだ人の生き方、基本的な理念は自然の世からくる「直耕」であり「正人」「真人」などへと広がり、有機的に結びつく。これらに反すれば自然の摂理を踏みにじる「盗道」となる。『新大字典』によれば「備」の元の字は「備」とかき、慎《つつし》むという義ありと解く。なるほど、昌益の「備道」にもこの慎みの義が加わればさらに理解が深まりそう。また、同字典では読みへ「つぶさに」「ことごとく」なども挙げており、昌益の和訓を裏付ける形だ。

【億】イヨク　ハ人ノ意《ココロバセ》ト象リ字（以下略、一二三七頁）。

人（イ）の意《こころばせ》と象る（以下略）。

――意は確かにこころ、志の発動で、こころばせの義あり。億は億万長者のように数や資産の多いことを表わす。字義は安らか、はかる、おもうなど。数として用いる場合は万の万倍が一億となり、その一万倍が兆の位となる。

【優《イウ》】ハ、人、憂《ヤスン》ズト象リ字（中略）。「ヤサシ・ユタカ・ヤハラグ・ヤスシ・イザナフ・スグルル」和訓（二三八頁）。

人（イ）の心を安んずる（憂）と象る（中略）。訓「やさしい・ゆたか・やわらげる・やすらか・いざなう・すぐれる」。

――優は劣の対語でもあり、才知のすぐれている意にも使う。

11 口にもとづく文字

【召《セウ》】ハ呼ンデモ来タラズンバ刀《カタナ》ニテ斬ラント象ル字ナリ。私ノ失リ、妄造ノ至リ。「セウ」進火音、漢音。「シャウ」呉音。「スン」唐音。「メス・ヨブ・マネク」和訓（二三九頁）。

呼んでも（口）来なかったら、腕ずく（刀）でも、との意に象る。自分勝手な理屈によるでたらめの極みである。「セウ」進火音。漢音「セウ」、呉音「シャウ」、唐音「スン」。訓「めす・よぶ・まねく」。

――目上の者が目下の者を口で呼び寄せることがこの字の意。刀にて斬らんとする、の読み込み、人はすべて平等を旨とする昌益は、ここでも横暴、権力に屈せずの意気込み。戦時中に国家権力で動員がかけられた旧日本軍兵士の召集令状、いわゆる赤紙はこの「召」の字。天皇が国事行為として衆参議員を集める国会は「召集」で都道府県議会は「招集」の字を使うのが慣例だ。

【叶《ケフ》】一ヨリ十マデ口《イフ》コト合フト似セ字ナリ。「ケフ」は進火音、漢音。「キフ」呉音。「ケ」唐音。「カナフ・ヤハラグ」和訓（二四〇頁）。

何から何まで（十）口にすることがかなうさまに作る。「ケフ」進火音。漢音「ケフ」、呉音「キフ」、唐音「ケ」。訓「かなう・やわらぐ」。

【台《タイ》】ハ無口、有《ウ》口ニシテ、口《イフ》（クフ）ベカラザルヲ口《イハ》（クハ）ズ、口《イフ》（クフ）ベキヲ口《イフ》（クフ）ト理字ナリ（中略）。「ワレ・ヨロコブ・ホシノナ」和訓（二四〇頁）。

無口（ム）有口（ロ）の合字。言うべきでないことは言わず、言うべきことは言い、食うべきでないものは食わず、食うべきものは食うとの意に作る（中略）。訓「われ・よろこぶ・ほしのな」。

――和訓の「ほしのな」は星の名を指す。北斗の北にあり、上台星、中台星、下台星の三つのこと。元来、字義にはこの星の名の義を含むことから、昌益の博識ぶり、字書巻を著わす勉励ぶりをのぞかせる字解の一つ。昌益は儒学や本草学、医学などにも長《た》け八戸藩領では「濡儒安《じゆじゆあん》（儒者の安藤）先生」と呼ばれ敬愛されたことは既に紹介の通り。台にはよろこぶ、のほか「やしなう」の意もあり、汗して働く者の健全性を重んじこの論を繰り広げたのだろう。昌益はリベラルな理性派なのだ。

【名《メイ》】ハ夕ノ口《イフベ》ニシテ形見ヘズ、音ノミニシテ、呼べバ通ズ夕《ゆうべ》ノ風音ノ如キ、名ト為《ス》ル理字ナリ。「メイ」ハ退火音ニシテ漢音。「ミウ・ミイ」呉音。「ミン」唐音。「ナ・ナヅク・ナザシ」和訓（二四一頁）。

夕べの口と作り、夕方の風音のように声はすれども姿が見えぬさまを表わし、呼べば通ずるとの意から、名とする。「メイ」退火音。漢音「メイ」、呉音「ミウ・ミイ」、唐音「ミン」。訓「な・なづける・なざし」。

――名の字の由来が夜間、灯火のない世に遡《さかのぼ》ろうとは……。昌益、夕方の風音のように声はすれども姿は見えず――とは詩情豊かな表現。昌益を悪文家と指摘する識者もおり、『私制字書巻』でも言い回しにいま少し……と感ずる個所もあることは確かだが。『新大字典』などは薄暮、トワイライトからもう少し進んだ宵の時刻か、「夕暮れになるとおのおの自己の『な』をなのって事を弁じた。ゆえに夕と口を合わせて」名という字がイメージされたと解く。昌益の独創ではなく出典あり、が判ろう。

【吉《キツ》】一ヨリ十マデ土ヨリ生ジ、凶悪ノ別ニ無シ、故ニ十一ハ土ノ口ト象リ字ナリ。「キツ」ハ進金音、呉音。「ケツ」ハ漢音。「キ」唐音。「ヨシ・サイハイ」和訓（二四一頁）。

　万物は一から十まで土から生じ、無価値なものは何一つ存在しない。よって万物（十一）は土の口から生ずると象る。「キツ」進金音。漢音「ケツ」、呉音「キツ」、唐音「キ」。訓「よい・さいわい」。

――土の吉は士かんむりの「吉」の俗字とされる。士は君子、口はことばを表わし、これの合字が字源（『新大字典』）。いずれもめでたい意とし、凶に対する善の義だ。転定《てんち》（天地）、自然界の動植物すべてが直耕するなかで生きる――という独特の意義を見出す昌益が、土に大義を寄せた字解の一つ。聖人君子を嫌い、この字へも無粋と思うほど信念を貫く。

【吻《ブン》】ハ正シキ口ニハ勿《ナシ》ト象リ字ナリ（以下略、二四三頁）。

　食事が正しければ口の端にできるものはなく《勿》、心正しい人は言《口》いにくいことがない《勿》と象る（以下略）。

――口先やものの言い方を字義にもたせる――とは現代の字典類も同じだが、昌益はさらに踏み込み口の周りの発疹や口内炎を思わせる解き。口内炎など現代ならビタミン補給だろうが、食の大切さや心の清さを字解にとは、さすが世直しをも唱えた名医たる論となろう。

【和《クワ》】ハ、口ニ禾《イネ》ヲ食フ、必ズ悦ブ理字。「クワ」進木音、呉音。「コ」ハ漢音。「コ」ハ唐音。「ヤワラグ・シタガフ・トトナフ・カナフ・マコト」和訓（二四四頁）。

禾《米》を口にすれば必ず満足し悦《よろこ》ぶ意に作る。「クワ」進木音。漢音「コ」、呉音「クワ」、唐音「コ」。訓「やわらぐ・したがう・ととのう・まこと」。

――前項に続き、これぞ昌益字書、と解くのも、米のなる木は〈命の根〉だから稲とまで論破する昌益。食べ物、いわゆる稲が実り米となる。それを食べ、飢餓、貧困がなければ人々に争いはなく平和に暮らすことができる――という崇高、いや、根本を突く理論。平和憲法下ながら「集団的自衛権」の行使可能とする読み込みはまさしく独善的で〝理にかなわぬ〟こととの指摘も多い。新訂『大言海』（冨山房刊）によれば稲は「飯根（イヒネ）」や「以比禰」の訳で、その実を米と言い、「瑞穂ノ国ノ精華ナリ」などと記述する。ちなみに瑞穂の国とは古来、日本の別称で飯根《いいね》が稲の源とは語呂の回りも良く、昌益論と重なる。和の字は本来、いまとは逆の部首、口偏に禾《のぎ》で、禾は音符の役といい味を調える義にもなり、いまでは和平や和睦など広い意味を含む。

【哲】テツ　ハ衆人ノ口ヲ折《クヂ》クホドニ知者ト象リ字。「テツ」進火音、漢音。「トツ」呉音。「テ」ハ唐音。「モノシリ・サトル・アキラカ」和訓（二四六頁）。

一般の人々を言い（口）負かす（折《くじく》）ほどに知にたけた者との意に象る。「テツ」進火音。漢音「テツ」、呉音「トツ」、唐音「テ」。訓「ものしり・さとる・あきらか」。

——人名漢字によく用いられるお馴染みの漢字。昌益解析の後段は今日、一般の字書にも表現されるところ。だが、昌益字書では例に従いこれにも一言。哲学、フィロソフィーに冠する「哲」とはいえ、昌益にとっては「人々を言い負かす」ただの〝曲者〟。田畑を耕す人々に手伝いもせず、才知が優れているからと正人を愚弄《ぐろう》してはいけないというのだ。

【啄】タク　ハ口ニシテ豕《ヲヲ》テ飼《エ》ヲ食《ハ》ム象リ字。「タク」進木音、漢音。「トク」呉音。「タ」唐音。「ツイバム・ヱヒラフ」和訓（二四六頁）。

鳥が覆いかぶさる（豕《おおう》）ようにして、口ばしで餌をつつくさまに象る。「タク」進木音。漢音「タク」、呉音「トク」、唐音「タ」。訓「ついばむ・え（餌）をひろう」。

——啄木とは木の幹をつつく鳥、アカゲラ、クマゲラなどの啄木鳥を指す。岩手県渋民村（現盛岡市）と言えば歌人・啄木だが、白鬢《はくひん》こと石川一《はじめ》がペンネームとして用いたことは周知の事実。琵琶の曲名にも啄木がある。この啄木調は唐から伝わり琵琶の最秘曲譜、天皇家の秘宝として伝承（『天皇家の名宝』宝島社）される。啐啄《そったく》とは鳥の雛《ひな》が孵《かえ》るとき卵の内側から声を発し、応《こた》える親鳥が殻をつついて雛を外へ出す手助けのこと。転じて逃すべからざる絶好の機会を指し、禅宗用語からという。

【商《シヤウ》＝商】

ハ古キヲ冂《カコミ》シテ賁《かざ》リ立テテ売ル象リ字（以下略、二四七頁）。

古いことを隠して（冂）飾り立て、売り込むさまに象る（以下略）。

——商売の商で、あきなう、はかる——などが字義。昌益は商売のあざとさを捉え、商人嫌い。古いことを隠し飾り立て——で、端的に表わされた字解。ちなみにこの「商」は本来「てき」で「商」とは別字と指摘されるところ。

12　土にもとづく文字

【土《ド》】ハ自然ノ中五ニシテ、五自《ひと》リ然《シカ》モ進退シテ十ナリ。十ハ進退ノ一気ナリ。故ニ十ハ一ニシテ中五ノ一ナリ。一五進ンデ転《テン》、退イテ定《チ》、転ノ五行・定ノ五形尽クシテ、十ハ及《すなわ》チ一ノ進退ニシテ、十一ハ転定ノ中央ノ土ナリ。土《ド》ハ中進土音、漢音。「ツ」ハ呉音。「ド」ハ唐音。「ツチ」ハ和訓（二五〇頁）。

土は自然界の中心であり、五行を備えている。五行がおのずから進退の運動を行なって十気となるが、十気は同時に一連の一気でもある。つまり十気は統一的な存在であり働きであり、五行の統一的な現われである。一でもあり五でもある存在が進んで転（天）となり、退いて定（海）となる。転をめぐる五気の運行・地に生じる五種の存在、つごう十の現われは、一なるものの運動によって生じたのであり、十にして一とは、転定《てんち》の中央に存在する土なのである。土、「ド」中進土音。漢音「ド」、呉音「ツ」、唐音「ド」。訓「つち」。

――土の字源は二とＩから成り、論を進めると地平線上（二）に草木（Ｉ）が目を出したさまを象った。他方、十が草木で一が地……との見方も。さらに昔の学説に土は五行（木火土金水）の主となり、また中となる。五行を人倫に配当するとき、君、時季では夏、五音では宮、方位では中央、五星惑星では鎮星《ちんせい》（土星の異名）、十干では戊《ぼ》・己《き》に当たる（『新大字典』『広辞苑』などから要約）。昌益はこの五行説に自説、持論を加え、さらに発展させ「土」論を繰り広げた。「土」と言えば明治時代後半における小作農・勘次一家の九年に及ぶ暮らしを精緻《せいち》な筆運びで描いた長塚節（一八七九〜一九一五）の長編小説名でもある。土を耕し働くことを人間の本領と唱え、「吾《わ》れ、転《てん》に帰そうとも穀に休し蘇《よみがえ》り、誓って自然活真の世と為《な》さん」と予言した昌益、今なら必読の書か。

【北《ホク》】

ヲ土篇ニ書クハ失リ。春木、東、発生シ、夏火、南、盛育シ、秋金、西、実収シ、冬水、北、枯蔵シ、中土自《ひと》リ然《シ》テ此レヲ革就ス。故ニ生・育・収ニ北《ソムキ》、自リ蔵《おさ》ムルハ北ナリ。故ニ両人背合《セナカ》シテ相北《ソム》ク象リ字ナリ。故ニ北ノミ土ニ因《ちな》ムベキ所以《ゆえん》無シ。故ニ北ニ書クハ道ヲ知ラズ、妄造ノ乱失ナリ（二五一頁）。

これを土偏に配するのはまちがい。木気は春・東、万物の発生をつかさどり、火気は夏・南、万物の成育をつかさどり、金気は秋・西、万物の実収をつかさどり、水気は冬・北、枯蔵をつかさどり、中心の土気はこれらを一つ一つめぐらし、働かせている。つまり、生・育・収という目に見える働きに背き、ひとりじっと蔵《おさ》めているのが水気であり北である。よって二人が背中合わせのさまに象ったのが北の字であり、北の字だけが土に拠るべき理屈がたつはずもない。だから北と書くのはこうした自然の道理を知らないでたらめであり、大間違いである。

――本義は背く、二人が背中合わせとなり相そむいている形。転じて南の反対の「きた」になるとか。前項に続く五行論、昌益の得意分野だ。

【在《サイ》】

𠂇ハ、𠂇《これ》ハ大ナリ。大土ハ人物ヲ載《ノ》セ生ジテ、外《モラ》ス所無ク在《ア》ル理字ナリ（中略）。「アリ・イマス・ヲル・ヲハシマス・ナガラヒヲク」和訓（二五一頁）。

𠂇は大の字の変化したもので、大土の意。大土は万物を生じ、下から支え、取りこぼしなく存在しているとの意に作る（中略）。訓「ある・います・おる・おわします・なが（永）らいお（置）く」。

――字義は居る、ある、などだが、動詞のいますはさておき、ていねい語に思えるおわします……は昌益が京都に在って修行を積んだという証か。字書によれば確かに古くは才《ざい》と土の合字。物はすべて地にある故という。四字熟語の「在家止住《ざいけしじゅう》」とは仏教用語で自宅にいて僧籍に入らない、出家しないこと。

【圭】ケイ

ハ、土ノ土ノ精。本石《もと》金ニシテ人ノ中真《タマシイ》ナリ（中略）。「タマ・ヨシ・マコト」和訓（二五二頁）。

土に土と象り、土の精を表わす。もと石や金属だったのが細かく変じたもの。転じて人の魂を表わす（中略）。訓「たま・よい・まこと」。

——土と土の合字は一般的な解釈。圭は天子が諸侯を封ずるとき符節とし賜った瑞玉《ずいぎょく》を持って国土を治めたことから土を重ねその義としたという。

【地】チ

ハ土也ニシテ一般ニシテ隔《へだ》テ無キ象リ字（中略）。「トコロ・イドコロ」和訓（二五二頁）。

土也《つちなり》と作り、一面に広がり限りがないことを表わす（中略）。訓「ところ・いどころ」。

——字義にとち、つちのほか、おか、くになどを含む。もちろん場所、居所、田畑、領土の意も。昌益の「ニシテ、ニシテ」の表現法は気になるが事象を強調してのことか。ところで「地異」とは3・11東日本大震災などによる地震、津波のような地上に起きる異変、地変、地妖（地上に起こる不思議なこと）、天変地異をいう。昌益はこの天変地異、災害を人災と位置づけ、乱開発などによる自然破壊を戒《いさ》めた日本初のエコロジストとされる。

【垢《ク》】ハ土ノ附イタルヲ去リテ后《ノチ》、未ダ少シ附イテ汚《ヨゴレ》タル象リ字。「ク」進水音、呉音。「コ」ハ漢音。「コ」ハ唐音。「アカ・ケガレ」和訓（二五三頁）。

土がついたのを払った后《のち》にも、まだ少し汚れが残って付いているさまに象る。「ク」進水音。漢音「コ」、呉音「ク」、唐音「コ」。訓「あか・よごれ」。

――今日でもけがれ、いつわりなどの意をもって使う。

13 士にもとづく文字

【壽《ジュ》】ハ、士《オノコ》亠《ヒトヘ》シテ工《たくみ》ノ勤メ、一口ヅツ寸《コマゴマ》シテ怠《おこた》ラザル則《とき》ハ、必ズ命長《イノチナガシ》、進金音、ト作リ字ナリ。「ジュ」ハ呉音。「ゼユ」ハ漢音。「セ」ハ唐音。「イノチ・イノチナガシ」和訓（二五七頁）。

士（人）が厚着せず亠《ひとえ》、仕事を工夫しながら工《たくみ》、一件一件（一口）ていねいに（寸《こまごま》）手抜きせず、まじめに果たしていくならば、必ず命が長らえるとの意に作る。「ジュ」進金音。漢音「ゼユ」、呉音「ジュ」、唐音「セ」。訓「いのち・いのちながい」。

――壽は命が長い、とし……などの字義で常用漢字が「寿」。解説文を読んでわかるように多面的な思考を巡らすのが昌益字書の面白さ。この講釈の行間にも思想家としての熱気が漂う。

14　夕にもとづく文字

【夕《セキ》】ハ月ノ略字ナリ。月宵《ヨイ》ニ山影ヨリ出ルニ其ノ光気見《あら》ハレ、月正シク未ダ出ザル宵ノ間ヲ夕《コレ》トス、故ニ夕《コレ》ヲ儿《ヤブ》レ月トスル象リ字ナリ。「セキ」ハ進火音、漢音。「シキ」ハ呉音。「セ」ハ唐音。「ユフベ・ヨヒ・ヨル」和訓（二五八頁）。

月の略字。月が夜になって山影から出て、全体を現わしたさまを月とし、月がまだ出てこない薄明りのあいだを夕とする。夕は破れ月の意。「セキ」進火音。漢音「セキ」、呉音「シキ」、唐音「セ」。訓「ゆうべ・よい・よる」。

——日が没して月が半ば東の山に顔を出す義で月を半分に——と今日でも解く。名月にも十五夜、十六夜などいろいろあり、日本人の感性を刺激する。豪雨や土砂流などに見舞われず、いつも平和な日本や世界の光景が見たいもの。

【外《グハイ》】ハ夕トニシテ、夕ニハ必ズ家ノ回《ホカ》ノ遠キヲトフ故ニ、夕ヲトフヲ以テ外ト象リ字ナリ。「グハイ」進水音ニシテ呉音。「ゲ・ゴ」ハ漢音。「ケ」ハ唐音。「ホカ・ソト・アチ」和訓（二五八頁）。

夕方になると暗くなり、家のまわりも遠くの暗いところは、どうしても目を細め様子を窺う（卜《うらなう》）ようになる。そこで夕方に様子を窺う（卜）と象り、遠く・外を表わす。「グハイ」進水音。漢音「ゲ・ゴ」、呉音「グハイ」、唐音「ケ」。訓「ほか・そと・あっち」。――夕と卜の合字。昔、易卜《えきぼく》（うらない）を行なうには朝をよしとした。ところが世はさまざまで、たまには時はずれの夕べにも行なうことからこの字になったそうな。

15　大にもとづく文字

【天《テン》】ハ一大トスル理字ナリ。一理ニ似レドモ、一大ノミニシテ転《メグ》ラザル則《とき》ハ、人・物ヲ生ゼズ、天ノ徳ニ非《あら》ズ、故ニ一大ノ天ハ妄造ノ失リナリ。「テン」ハ進火音、漢音。「トン」ハ呉音。「チン」ハ唐音。「アメ・ソラ」ハ和訓（二五九頁）。

天より大きいものはないとの意から、一大として天に作る。一面の真理であるが、天は運回（転）しないことには万物を生じることができず、存在理由を欠くことになる。よって一大と作る天の字は誤り。「テン」進火音。漢音「テン」、呉音「トン」、唐音「チン」。訓「あめ・そら」。

――一と大の合字はいまに通ず。ちなみに昌益は「天地」を転と定を組み合わせ転定《てんち》に書き換えた。日本では万葉のころ天地を〝あめつち〟と読み「阿米都智」の字を充てた。その義とするのが「自然」であったのだろう。

【夷】イ

ハ大ナル弓ヲ以テ理不尽ニ射殺ス荒者ヲ象リテ作ル字ナリ（中略）。「ヱゾ・ヱビス・ヤブル・カハル・ホロブ」和訓（二六〇頁）。

大きな弓と象り、理不尽に弓で射殺す荒くれ者を表わす（中略）。訓「えぞ・えびす・やぶる・かわる・ほろびる」。

――まさしく、大と弓の合字。大は人で、常に弓を携《たずさ》える姿からという。未開の地、東方の蝦夷《えびす》を指した。昌益は己が思想を進展させるに従い、この蝦夷《えぞ》地を理想郷とも唱える。

16　女にもとづく文字

【奴《ド》】ハ又ノ女ニシテ陪女《ばいじょ》ナリ。男ノ僕《ヤツコ》ノ義ニ非ズ、故ニ奴《ヤツコ》ト云フハ失リナリ、僕ナリ。奴、「シモヲナゴ・イヤシシ」和訓（二六二頁）。

補助する（又）女と作り、側女《そばめ》を表わし、下男の意の「やっこ」と読むのは誤り。「やっこ」には僕をあてる。訓「しもおなご・いやしい」

――やっことは古くは人に使役される男女の奴婢《ぬひ》、召使のこと。敵の捕虜や連座の罪人を充て女偏に又と書く。その又が手を表わす……とし、労働の義を生み、主に男子に用いられた。指摘した昌益、現世に在れば思わずニンマリか。

【妄《マウ》】ハ女ニ亡《ホロ》ボサルル象リ字ナリ。「マウ」ハ退木音、漢音。「モウ」ハ呉音。「ムン」唐音。「ミダリ・カダマシ・イツハリ」和訓（二六二頁）。

女に振り回され、身を亡ぼす意に象る。「マウ」進木音。漢音「マウ」、呉音「モウ」、唐音「ムン」。訓「みだり・かだましい・いつわり」。

――道理に合わない、おろかなどの字義から今日でも使う。昌益は誤り、失の意味とし好んで表記し『自然真営道』など著作に「妄失」「妄造」などよく貌《かお》を出す。それにつけても江戸期のフェミニストこと昌益、この妄字解「女に振り回され身を亡ぼす」はストレートで興味深い。かつて我が国でも「事件の陰に女あり」と言われたが……。字書には「世をみだし、禍を来す原因が女に多いゆえに、女を書いてその義を示す」（『新大字典』）とあるから傾城《けいせい》の女ならぬ〝悪女〟や〝女帝〟の歴史は古い。

【妨】ハウ ハ女ニ迷フテ方々悪《ワロ》キ象リ字（中略）。「サマタゲ・マドフ」和訓（二六三頁）。

女に迷いあちこち（方）に不都合を生じる意に象る（中略）。訓「さまたげ・まどう」。

――『新大字典』では事を破りそこなう、を字源に「おんなはとかく事を誤ることから、女偏にその義を示す」と女性が主体。昌益の女に惑わされる男？の字解とニュアンスを異にする。

【妬】ト ハ、女、至愚ニシテ心ヲ転ゼザルコト石ノ如シト作ル字ナリ（中略）。「ネタム・マトフ」和訓（二六三頁）。

女は石のように頑固で、気持の切り換えができない意に作る（中略）。訓「ねたむ・まどう」。

――もとは女性、婦人の嫉妬に限る字「妒」（と、ねたむ）と同字。妻が夫をねたむことから女偏ともいう。

【始】シ

ハ、女台《ハラ》メバ人ノ始マリト作リ字ナリ（中略）。「ハジメ・ハジマリ」和訓（二六三頁）。

女が胎《はら》めば（台）人の生が始まるとの意に作る（中略）。訓「はじめ・はじまり」。

【委】イ

ハ、女、禾《ヤハラ》グ則ハ、男、相ヒ応ジ万《ヨロヅヨ》能クト理字ナリ（中略）。「クハシク・コマヤカ・カナフ・ヤハラグ・トトナフ」和訓（二六四頁）。

女が気持ちをやわらげれば（禾）、男もそれに応じるから万事うまく行くとの意に作る（中略）。訓「くわしく・こまやか・かなう・やわらぐ・ととのう」。

——昌益はちょい意味深な字解としたが、男社会の名残りか。女と禾《のぎ》を合わせた字は事実。女は従順で禾は稲穂を表わし、米が実れば頭《こうべ》を垂《た》れるさまから委の字と解かれる。

【娘】リヤウ

ハ良《カハユ》キ女ト組ミタル字ナリ（中略）。「ムスメ・ヨキヲンナ」和訓（二六五頁）。

かわいい（良）女と作る（中略）。訓「むすめ・よいおんな」。

【婦】フ

ハ女帚《ハバキ》シテ耕織ヲ為ス貌字ナリ（中略）。「ヲンナ・マコトノヲナゴ」和訓（二六六頁）。

女が脚絆《きゃはん》（帚）を身につけ田を耕し機《はた》を織るさまに象る（中略）。訓「おんな・まことのおなご」。

——現在の字書ではハバキにあらず、ほうき（帚）とし、昌益論の田を耕す女性ではなく家事に重きを置く。

17　子にもとづく文字

【孝《カウ》】ハ老ノ傍《ソバ》ニ子離レズシテ奉《ツカ》ヘル貌字ナリ（中略）。「チチハハニツカフル・ヤシナフ・タカシ・ヨシ・ノリ」和訓（二一六八頁）。

子供が年老いた（老）両親のもとを離れずそばに居て仕えるさまに象る（中略）。訓「ちちははにつかえる・やしなう・たかい・よい・のり」。

——字義には親に仕えるのほか、子の道を尽くす——の義あり。儒学を修めたといわれる昌益、その心もいくばくかこの字義に。近年、日本は少子・高齢社会となり親孝行も変容の一途だ。

【季《キ》】ハ禾《ゴコク》ノ子成《ミノ》リ、年ノ末ト理字ナリ。「キ」進金音、呉音。「ケ」ハ唐音。「スエ・ヲハリ・トシ」和訓（二一六八頁）。

五穀（禾）が実り（子）、年の末になるとの意に作る。「キ」進金音。漢音「ケ」、呉音

郵便はがき

1078668

おそれいりますが切手をはってお出し下さい

(受取人)
東京都港区
赤坂郵便局
私書箱第十五号

農文協
http://www.ruralnet.or.jp/
読者カード係 行

◎このカードは当会の今後の刊行計画及び、新刊等の案内に役だたせていただきたいと思います。　　はじめての方は○印を（　）

ご住所		（〒　－　） TEL： FAX：
お名前		男・女　　歳
E-mail：		
ご職業	公務員・会社員・自営業・自由業・主婦・農漁業・教職員（大学・短大・高校・中学・小学・他）研究生・学生・団体職員・その他（　）	
お勤め先・学校名		日頃ご覧の新聞・雑誌名

※この葉書にお書きいただいた個人情報は、新刊案内や見本誌送付、ご注文品の配送、確認等の連絡のために使用し、その目的以外での利用はいたしません。

● ご感想をインターネット等で紹介させていただく場合がございます。ご了承下さい。
● 送料無料・農文協以外の書籍も注文できる会員制通販書店「田舎の本屋さん」入会募集中！
案内進呈します。　希望□

■毎月抽選で10名様に見本誌を1冊進呈■（ご希望の雑誌名ひとつに○を）

①現代農業　②季刊 地 域　③うかたま　④のらのら

お客様コード　□□□□□□□□□□

014.0

お買上げの本

■ ご購入いただいた書店（　　　　　　　　　　　　　　　　　　　書 店）

●本書についてご感想など

●今後の出版物についてのご希望など

この本をお求めの動機	広告を見て（紙・誌名）	書店で見て	書評を見て（紙・誌名）	出版ダイジェストを見て	知人・先生のすすめで	図書館で見て

◇ 新規注文書 ◇　　郵送ご希望の場合、送料をご負担いただきます。

購入希望の図書がありましたら、下記へご記入下さい。お支払いは郵便振替でお願いします。

（書名）　　　　　　　　　　　　　　（定価）¥　　　　　　　　（部数）　　部

（書名）　　　　　　　　　　　　　　（定価）¥　　　　　　　　（部数）　　部

「キ」、唐音「ケ」。訓「すえ・おわり・とし」。

――農本思想の昌益字書らしい。季の和義には俳句へ読み込む季語、いわゆる四季の意をもたせる。本来、稚の省画と子の合字とされ、すえ、おわりの義、時季の季などにも使う。

【孫《ソン》】ハ吾ヨリ子、又子ト系《イトスヂ》ノ如キ連《つらな》リト象リ字ナリ（中略）。「マゴ・ツグ・ユヅル」和訓（二六九頁）。

自分の子供、そのまた子供と糸筋（系）のように繋がる意に象る（中略）。訓「まご・つぐ・ゆずる」。

――系には続く――の義あり。

【學《カク》】ハ、𦥯《コレ》ハ書物ヲ包ム文庫ヲ開キ、書物ヲ開キ乗セタル象リ、冖ハ兒《チゴ》ノ礼服ノ象リニシテ、子童、書ニ向イテ習フ象リ字ナリ。「カク」ハ進木音、漢音。「コク」ハ呉音。「カ」ハ唐音。「マナブ・ナラフ・サトル」和訓（二六九頁）。

學（学）、𦥯《コレ》は本を包んであった帙《ちつ》を開き、机の上に広げたさま、冖は子供が礼服を着たさま、子供が本に向かって勉強している意を表わす。「カク」進木音。漢音「カク」、呉音「コク」、唐音「カ」。訓「まなぶ・ならう・さとる」。

――序章と若干ダブるが「學」の項をたてた昌益字論。『新大字典』では字義をまなぶ（動詞)、ならう、研究する、さとる、などとし、昌益字書の和訓と同様に捉える。学びの友は学友だが、敬意を表し学兄とも呼ぶ。

18 宀にもとづく文字

【安《アン》】ハ、宀《イエ》ニ具《そな》ハル女在レバ、其ノ家治マルト象リ字ナリ（中略）。「ヤスシ・ヤスンズ・シヅカ・オダヤカ・サダマル」和訓（二七〇頁）。

その家（宀）にふさわしい女が居れば、おのずと安泰であるとの意に象る（中略）。訓「やすらか・やすんずる・しずか・おだやか・さだまる」。

――江戸期、「女在りてこその人間、この世」という昌益、これぞ究極の語釈だろう。が、昌益は概して字源の正鵠《せいこく》を得た上で論を張る。この「安」にも古来、家に女性が居て安らぎあり、という意が潜むのだ。

【宴《エン》】宀ニ日々女ヲ愛スル象リ字ナリ（中略）。「ヤスム・アソブ・ナヅム」和訓（二七二頁）。

働きもせず、家（宀）のなかで日々女を愛でるさまに象る（中略）。訓「やすむ・あそぶ・なずむ」。

――字義には「さかもり」を含む。昨今の字書では宀を家とし、晏《あん》は安らかな、で、転じて「安楽に酒を飲んで楽しむ酒盛りの義」と解く。歌舞音曲を疎《うと》む昌益は酒、宴も遠ざけたからソフトタッチの字解と読める。

【寡《クハ》】宀《イエ》百部一ニ分ツガ如ク少シト作ル字（中略）。「スクナシ・オンナヤモメ・ムナシ・ツノル」和訓（二七三頁）。

家（宀）を百分の一に分けた意に作り、少ないことを表わす（中略）。訓「すくない・おんなやもめ・むなしい・つのる」。

――おんなやもめ――とはいかにも時代的な字解。されど、今日でも「夫と別れた後家のこと」と字書にあり。しかも、後家は家にいて夫を失うゆえ宀に頒《わかつ》だと解く。寡夫という言葉も使うが、こちらは妻を失った男で、後添えを後妻と呼ぶ。最近、京都あたりで起きた事件が小説より奇なりで、『後妻業』（黒川博行著、文藝春秋）という小説が話題を呼んだ。メディア、新聞用語集に「寡婦」は載るが同義語の「未亡人」は用いないよう注意書き。これは不快用語を避ける配慮だろう。

【審《シン》】ハ宀《イエ》ノ番スルハ仮ニ主ナレバ、私奸無シト象リ字ナリ（中略）。「ツマビラカ・マコト・サダム・アキラカ」和訓（二七四頁）。

家（宀）の番をすると象る。番をするとなれば仮にせよその家の主人となるわけで、私心やましいところがないとの意を表わす（中略）。訓「つまびらか・まこと・さだめる・あきらか」。

――本字を宷と書き、宀と釆の合字が本来の説き方。余すところなくつまびらかにする義とし、「釆」を「番」に差し替え「審」になったともいう。

19　寸にもとづく文字

【寺《ジ》】ハ一ヨリ十、十ハ一ト寸《ハカ》ル象リ字（中略）。「ツクス・ツク・ツカサ・チカヅク・テラ」和訓（二七五頁）。

一から十と数を尽くし十気に行なわれる気の運行は、すなわち一気の運動に他ならないと思い至る（寸《はかる》）さまに象る（中略）。訓「つくす・つきる・つかさ・ちかづく・てら」。

――中国では初めて仏教寺院「白馬寺」を創設したことから、僧侶のいるところを「寺」

と呼んだ。寺は元来、役所の義という。

【導《ミチビク》】是《これ》ハ寸ヲ附ケズトモ、道《ミチビク》ト訓《ヨ》ム理ナリ。寸ヲ附ルハ失リナリ。道ハ自然一気ノ進退ニシテ、天地・人・物、道ニアラズト云フコト無シ。道《ミチビカ》ズト云フ物無シ。自然ノ道ヲ知ラザル故ニ、寸ヲ附ケテ道寸《ミチハカル》トシテ導ト為ルコト浅猿《あさまし》キ愚失ナリ（二七六頁）。

寸を付けなくても道《みちびく》と読み、寸を付するのは誤り。道とは根源的な存在である一気の進退運動・自己運動の全体を言うのであり、天地・万物でこの道から外れたものはなく、またのっとっていないものはないのである。にもかかわらず、聖人はこの自然の道を知らないからこそ、あれこれと道を推し量り寸を付けて道寸《みちはかる》、転じて導くとしたもので、なんとも浅ましくも愚かしいことこのうえない誤りである。

――昌益の指摘、まさに当を得るか。道は人道を指すが、それでは足りず――と法則の義を持つ「寸」を補った。昌益は必要以上の字を避けるべし、と説く。聖人嫌いの昌益、〝坊主憎けりゃ袈裟まで憎い〟でもなかろうが、冷静に見て蛇足――と気づき指摘したのだろう。

20 尸《シ》にもとづく文字

【尾《ビ》】尸《シリ》ノ毛ト象ル故ニ陰茎・門肛、獣ニハ尸ノ毛長キ故ニ尾ニ作ル貌字ナリ（中略）。「ヲ・ツルム・ヲハル」和訓（二七九頁）。

尻（尸）の毛と象り、毛に覆われた所・陰部を指し、また動物の場合は毛の長い尾を表わす（中略）。訓「お・つるむ・おわる」。

――昌益字解はもっともなり。つるむは交尾、おわるは末尾、すえ。「尾を出す」は馬脚を露《あら》わすこと。尾ひれがつくと話は気宇壮大、嘘っぽくなってしまう。「永く尾を引っ張る叫び声が聞こえた」は啄木の小説『葬列』に出てくる描写だ。

【居《キョ》】ハ尸古《シリフル》クナルト象リ字ナリ。「キヨ」進金音、呉音。「ケ」漢音。「ケ」唐音。「ヲル・スワル・イル・イドコロ」和訓（二七九頁）。

長い時間（古）尻（尸）をあてていると象る。「キョ」進金音。漢音「ケ」、呉音「キョ」、唐音「ケ」。訓「おる・すわる・いる・いどころ」。

――尸《シ》の部の冒頭に挙げる尸、すなわち「しかばね」の項で、昌益はここでも「古来の字書に〈しかばね・のべる・つかさどる〉とあるがなんとも不可解。首から上がなく胴だけの死体（尸）に、どんな魂が宿っているというのか」と咬《か》みつく。「かばね」ともよむ（『大辞泉』小学館、ほか）が、しかばねの部首とは縁起でもなさそう。字書などを探ると身体、尻などの意にも使い分けされる。

【尿】ニョウ

ハ尸《シリ》カラ出ル水ト象リ字。「ニョウ」退金音、呉音。「ネウ」漢音。「ヌン」唐音。「ユバリ・イバリ」和訓（二七九頁）。

尻（尸）から出る水と象る。「ニョウ」退金音。漢音「ネウ」、呉音「ニョウ」、唐音「ヌン」。訓「ゆばり・いばり」。

【履】リ

尸《シリ》ヨリ下ニ復《フク》スル者ト作ル字ナリ。「リ」退金音、呉音。「レ」ハ唐音。「ハキモノ・クツ・フム」和訓（二八〇頁）。

腰（尸）より下を覆う（復《ふくする》）ものと作る。「リ」退金音。漢音「レ」、呉音「リ」、唐音「レ」。訓「はきもの・くつ・ふむ」。

――人がこれまで経てきた事蹟、経歴を表わす履歴の「り」。履道とは正しい道を履行すること。また、履道は唐代、洛陽にあった地名で「北窓三友」などの詩を詠んだ白居易（字《あざな》は楽天＝七七二〜八四六年）が住んでいたという。三友とは琴・酒・詩のこと。閑話休題……。岩手県西根町（現八幡平市）の蔵元で仕込んだ〈北窓三友〉の名を冠する銘酒あり。

21　山にもとづく文字

【岩】カン　視ル如ク。「イハホ・カタシ」和訓（二八一頁）。

見た通り、山のような石と象る。訓「いわお・かたい」。

――巌は岩の熟語ともいう。「岩魚」は「いわな」と読み、サケ科の淡水魚。清い渓流に生息し太公望ら好みの魚種だ。

【炭】タン　岩ノ如ク堅《かた》ク火《ヤク》ト作ル字ナリ（中略）。「スミ」和訓（二八二頁）。

岩（屵）のように堅《かた》く焼く（火）意に作る（中略）。訓「すみ」。

【獄】ガク　山ノ獄ハ、大山ノ頂《イタダ》キニハ必ズ獄ノ如クナル大フ穴有ルノ象リ字ナリ（中略）。「ダケ・サガシ」和訓（二八三頁）。

大きな山の頂上附近には、必ずといってよいほど牢獄のような大きな穴があるとの意に象《かたど》る（中略）。訓「だけ・さがしい」。

――「獄」の字が牢獄の意、急峻な山並みを「獄」と使い分けるが獄の下に山を書く⿱獄山も同意字となる。

【峠】《シヤウ》山ヲ上リ極メル則《とき》ハ必ズ下ルト象リ字（中略）。「トヲゲ・ヤマノイタダキ」和訓（二八三頁）。

山を上りきると必ず下ることになる意に象る（中略）。訓「とうげ・やまのいただき」。

——峠というこの字は日本で作られた「国字」で、中略としたところに「音弁同前」とあるが本来はないもの。二つ以上を合わせ、それぞれの字の意味を含む「会意」は昌益の字解きと同様、山を上り詰めると必ず下り坂になることから——となる。

22　巛にもとづく文字

【州】《シウ》川⺌《カハミヅノナガルル》象リ、川ヲ以テ国ノ境ト為ス故ニ州ノ字ニ作ル（中略）。「クニ・ミヅナガルル」和訓（二八三頁）。

川によって国々の境とすることから、川に水の流れるさま（⺌）を象り、州《くに》とする。訓くに・みずがながれる。

——川の中の点は陸地を表わし「洲」の字義も。転じて土地、国、行政上の区画の意味などを含む。中国古代、天下を九つに分けた。周の時代は二千五百家の区があり、漢の武帝は天下を十二州とし、郡をこれに属させた。郡県が制度化されたのは秦の始皇帝からという。

【巡《ジュン》】ハ、巛《コレ》ハ川水ナリ。辶《コレ》ハ行クナリ。水ノ流レ回ル象リナリ（中略）。「メグル・アマネシ・ユク」和訓（二八三頁）。

巛は川の水、辶は行く意に象り、水の流れ巡るさまを表わす（中略）。訓「めぐる・あまし・ゆく」。

【巣《サウ》】是《こ》レ川ノ果《ハテ》ト作リテ鳥ノ巣《ス》ト為《ス》ルコト妄造ナリ。巣ハ鳥ノ家ナレバ鷇、虫ニハ蝓ト作ルベキコトナリ。何ンゾ巛《カハ》ノ果ニ象ルベケンヤ、故ニ妄失ニシテ有害ナリ（以下略）。

川（巛）の果てと象って鳥の巣を表わすのは誤りである。巣は鳥ならば鷇、虫ならば蝓と作るべきで、何で川の果てが巣を表わすはずがあろうか。でたらめであり有害でさえある（以下略）。

――「巣」は現代の字書でも確かに巛（せん、かわ）の部に収められる。しかし、象形の捉え方は一方が「巛」を鳥とよむ。昌益はこの項の後段（「以下略」以降）で川の字にまつわる多くはでたらめ、ごまかしなので字書から除外する――と、ここでも鼻息が荒い。

23　工にもとづく文字

【左《サ》】ハ、ナ《コレ》ハ手ノ肘《ひじ》ノ枉《マガリ》タル象リ、工ハ左ニ工《タク》メバ右ニ成スト象ル字ナリ（中略）。「ヒダリ・ミチビク」和訓（二八四頁）。

ナは手の肘の関節の曲がったさま、工は退気が左半身を巡り身体の諸機能をまっとうさせる意を表わす。右は進気が右半身を巡り身体の諸機能を働かせる意を表わす（中略）。

訓「ひだり・みちびく」。

――左には地位的に「しも、いやしい」――の意を含むが「佐」の字と同様「たすける」の意あり。左党はフランス議会で議員席が議長席から見て左にあったことからで左翼政党を指し、左翼は急進派、革新派。翻《ひるがえ》って酒好きの人も左党と呼ぶがこれは大工さんが鑿《のみ》を左手に握り右手で槌《つち》を打つことから。鑿を「飲み」に引っかけたわけだが別称、上戸《じょうご》ともいい、下戸《げこ》の対語。下戸は酒を飲めない甘党《あまとう》となろう。

【巧《コウ》】ハ、丂《コレ》ハ面制《カホツクリ》ヲ畜《ヤツシ》タル象リヲ工《タク》ミツクル字ナリ（中略）。「タクミ・ヘツラヘ・イツハリ」和訓（二八四頁）。

丂は顔に化粧をする意の略字、これに工（たくみ）を添えて巧みに作る（中略）。訓「たくみ・へつらい・いつわり」

――昌益は『字彙《じい》』に巧を「よい・うるわしい」としているのは、化粧にばかされた愚の極み……と聖人の字書をこき下ろす。女性を愛しむ昌益だが、ここでは厚化粧し権力者らにしな垂れかかり、へつらう女人を連想したか。世には「巧言令色」という言葉もある。

24　广にもとづく文字

【庇《ヒ》】ハ大家《オオヤ》ノ檐下《ノキシタ》ニ、广《ウチイエ》ニ比ベテ作ル字ナリ。「ヒ」ハ進金音、呉音。「ヘ」ハ漢音。「ヘ」唐音。「ヒサシ・ヲヲフ・メグム」和訓（二九〇頁）。

大きな家の軒下に、間取り（广《うちいえ》）に応じて（比《くらべる》）差し出した小さな屋根を表わす。音ヒ・進金音。漢音「ヘ」、呉音「ヒ」、唐音「ヘ」。訓「ひさし・おおう・めぐむ」。

【床《ショウ》】广《ウチイエ》ニ木板敷《し》ク象リ字ナリ（中略）。「トコ・ユカ」和訓（二九〇頁）。

部屋（广《うちいえ》）のなかに木の板を敷くさまに象る（中略）。訓「とこ・ゆか」。

【庭《テイ》】ハ广ノ前廷《タイラ》ニ作ル字ナリ。「テイ」進火音、漢音。「トイ」呉音。「チン」唐音。「ニハ・ナヲシ・タイラカ」和訓（二九一頁）。

【康《カウ》】 家（广）の前を平ら（廷）にした所の意に作る。「テイ」進火音。漢音「テイ」、呉音「トイ」、唐音「チン」。訓「にわ・なおい・たいらか」。ハ广ニシテ彐《シナジテ》水遣《や》ルガ如ク作ル字ナリ（中略）。「ヤスシ・タノシム・ヤハラカ」和訓（二九二頁）。

家（广）の庭の草花に水をやってあれこれ（彐）手入れするように、心を配る意に作る（中略）。訓「やすらか・たのしむ・やわらか」。

——家康を権現公とも呼び権力者への批判を極めた昌益、ここでは字書を編む定石通り？「康」の〝批判講釈〟はせず。字源は米の皮、即ち「糠《ぬか》」。出典とされる四万九千字余りを収録した清《しん》の聖祖時代の字書『康熙字典《こうきじてん》』は一七一六年刊行というが、一七〇三年生まれの昌益もここまでは思い及ばず——か。

25 彳にもとづく文字

【役《エキ》】 ハ、彳《タタズ》ンデ殳《ツエウツ》ハ其ノ役ナリト字スルナリ。「エキ」ハ進火音ニシテ漢音。「イク」ハ呉音。「エ」ハ唐音。「ツラネ・ツカフ」和訓（二九九頁）。

年貢の取立てや検見の際、立って（彳《たたずむ》）見ていては時々杖を振り上げる（殳《つえうつ》）のが役人の仕事と作る。「エキ」進火音。漢音「エキ」、呉音「イク」、唐音「エ」。訓「つらね・つかう」。

――つらね、は歌舞伎の顔見世「連」（つらね）からならば「列ね」とも書く。年貢《ねんぐ》取り立てや検見《けみ》といえば、文字を必要とした理由にこうした税の取り立て、税斂《ぜいれん》の管理があったともいわれる。昌益が文字、漢字を批判した一つは、その魂胆《こんたん》を知ってのことであろう。

【徳】トク

ハ十ヲ一心ニ皿《アミ》シテ彳《ヲコナ》フ理字（中略）。「イサヲシ・ノリ・アキラカ」和訓（三〇一頁）。

（徳＝徳）。内に備えたさまざまな（十）能力や知識を人目につかないようひたすら（一心）隠して（皿＝あみする）何気なく振る舞う（彳）ことを表わす。訓「いさおし・のり・あきらか」。

――人が生まれつきもっているはたらき、道義などをいう（『新大字典』）。徳政とは恵み深く仁徳ある政治のこと。徳米は地主らが小作人から取り立てた米を指し、政府に売り渡す供出米の時代にも使われた。しかし、納めるサイドの小作人や農業者からすれば、収奪まではいかなくても課せられる程度によっては〝損米〟と映ろう。

【徹《テツ》】ハ文徳ヲ育《ヤシナ》ヘ彳《オコナ》フ、故ニ通ズルト象リ字。「テツ」進火音、漢音。「トツ」呉音。「テ」ハ唐音。「トヲル・アキラカ・ミチ」和訓（三〇一頁）。

人格（文徳）を磨き育てるよう心懸ける（彳）と象り、おのずと真理に通ずる意を表わす。「テツ」進火音。漢音「テツ」、呉音「トツ」、唐音「テ」。訓「とおる・あきらか・みち」。

26　心にもとづく文字

【心《シン》】ハ即チ火ノ字ナリ（中略）。然《しこう》シテ火ハ人ノ心ナリ。心ニ府蔵ノ気ヲ受ケテ肺之レヲ蓋《おお》ヒ、心気心肺ノ間ニ於《おい》テ転転《てんてん》シテ止ムコト無シ、是《こ》レ心《ココロ》ナリ（中略）。「ココロ・ムネ・ナカゴ・サネ・ツカサ・ツカサル」和訓ナリ（三〇二頁）。

心は火の燃えるさまに象った火の字の変じたもの（中略）。火は人にあっては心臓であり、心臓に腑臓《ふぞう》の気を受け、肺がこれを覆《おお》う形で、心気は心臓と肺のあいだで活動して止まることがない、これを心《こころ》と言う（中略）。訓「こころ・むね・なかご・さね・つかさ・つかさどる」。

――昌益には藩政時代、八戸藩で神社へ奉納する流鏑馬《やぶさめ》の射手らが暑気当たり（今でいう熱中症＝熱射病、熱疲労など）で倒れてしまい、それを診て治した逸話がある。さらに藩家老の病気を治療した同様の記録が藩政日記に残る。期せずして「心」の項に医者の貌《かお》をのぞかせた昌益字解とも。昨今の字源字書には心臓の象形があっても火の形には至らない。昌益は心を偏、旁《つくり》、脚として用いる解説も行なうほど熱っぽい。

【忍】シン　刃《ヤイバ》ヲ心《ムネ》ニ中《アテ》ルヲコラユルト作字ナリ（中略）。「シノブ・コラユル・ヲシ」和訓（三〇二頁）。

刃を胸（心）に突きつけられた状態を堪《た》える意に作る（中略）。訓「しのぶ・こらえる・おし」。

――読みのシンはニンで、ジン（刃）からくる――と現代の字書は解く。なるほど、刃物で人を傷つけるような争いを「刃傷沙汰《にんじょうざた》」という。

【忠】チウ　「ツツシム・マコト」、見ルガ如シ（三〇三頁）。

見た通り、偏りのない（中）心と作る。訓「つつしむ・まこと」。

【念】ネン　「ヲモフ・トナヘル」、人ノ心ニ丁《ヲイテ》ス故ニ念《ヲモフ》、又今ノ心モ念《ヲモフ》。又人二心《フタタビ》スルモ念《ヲモフ》。今ノ心ハ当理ナリ。「ネン」漢音、「ニン」呉音、「ネン」唐音。「オモフ」ハ和訓（三〇三頁）。

人の心において（亍）行なうと作り念《おもう》、人がくり返し（二《ふたたび》）心に感ずると作り念《おもう》とされているが、今の心と作る念《おもう》が、最も理に適っている。「ネン」進火音。漢音「ネン」、呉音「ニン」、唐音「ネン」。訓「おもう・となえる」。

【思】シ

心ヲ田《タガヤス》、故ニ「オモフ・ハカル」（以下略、三〇四頁）。

心を砕く（田《たがやす》）と作る。訓「おもう・はかる」（以下略）。

――前出の「忍」と、この「思」の字で思い起こすことは八戸出身の芥川賞作家・三浦哲郎の出世作『忍ぶ川』である。私小説とされたこの作品は東京の駒込、深川、浅草や栃木、岩手県一戸町の馬淵川辺りまでを舞台としている。題名「忍ぶ川」にぴったりフィットする名のヒロイン志乃が働いていた駒込の料亭「思い川」。その志乃ゆかりの地が栃木県を流れる利根川水系で一級河川の「思川」なのだ。

【性】セイ

心ヲ生《イカ》ス、生《イカ》ス心、故ニ「タマシイ・イノチ」（以下略、三〇四頁）。

心（忄）を生かす、また物事を生かす心（忄）と作る。訓「たましい・いのち」（以下略）。

【恩《ヲン》】ハ皆其ノ心ニ因《よ》ルト作ル字ナリ。音弁ハ、「ヲン」進士音、呉音。「アン」唐音。「メグム・アハレム・イツクシム」和訓（三〇六頁）。

恩を受けても、それを恩と受け取るかどうかは、受け手の心に因《よ》るとの意に作る。「ヲン」進士音。漢音「アン」、呉音「ヲン」、唐音「アン」。訓「めぐむ・あわれむ・いつくしむ」。

【息《ソク》】心《しん》ヨリ出ル息《イキ》ト作ル。是《こ》レ失《あやま》レリ、呼吸ノ呼ハ心ヨリ出ルニ非《あら》ズ、腎上ヨリ出《い》ヅ、之《こ》レヲ知ラザル故ニ失レリ（中略）。「イキ・イコフ・ヤスム」和訓（三〇六頁）。

心臓から（自《より》）発する息《いき》と作るのは誤りである。呼吸の際の吐く息は心臓ではなく腎の上から出るものであり、このことを知らずに字を作ったため間違っている（中略）。訓「いき・いこう・やすむ」。

――医学を究めた昌益らしい解きだが、今日「自」は鼻の本字とし「心から発して鼻から出るいき」との字解。即《すなわ》ち自と心の合字だとする。

【愛《アイ》】ハ爪《テ》ヲ冖《カザシ》テ心夂《ここロヤスク》スト作ル。故ニ「アイスル・メグム・ナダメル」和訓。音弁前に同ジ（三〇九頁）。

心安らぐ（夂）まで手（爫）をさしのべる（冖）と作る。訓「あいする・めぐむ・なだめる」。音は前述に同じ。

【態《タイ》】ハ、能《よ》キ心ナリ、故ニ顔体マデ美《うる》ハシト作ル字（中略）。「ウルワシ・ワザ・スガタ」和訓（三一〇頁）。

良い（能）心と作る。心の状態がよければ、おのずと顔つきも美しくなるとの意を表わす（中略）。訓「うるわしい・わざ・すがた」。

【憂《イウ》】ハ百《ツネ》ニ冖《カコフ》心ヲ夂《ヤブ》ルト作ル。故ニ「ウレイ・ナゲキ」和訓（以下略、三一〇頁）。

常（百《つね》）に平穏でありたい（冖《かこう》）と思う心が破綻してしまう（夂《やぶる》）さまに作る。訓「うれい・なげき」（以下略）。

【戀《レン》】ハ互イノ言ヲ糸ニ結《ツナ》グガ如クスル心ト作ル。故ニ「コヒス・シタフ・コガルル」和訓（以下略、三一一頁）。

（恋）お互いの言葉を糸で繋ぎ止めておきたいと思う心との意。訓「こいする・したう・こがれる」（以下略）。

――以下略以降の文は「音は前述に同じ」とする省略の弁だが、この『私制字書巻』で時おり使われる。さらに続くは「この他にも心による字は『字彙《じい》』に九百字余と多くあるが、いずれもでたらめで無益」と斬って捨て、さし当たって主なもの約百字を取り上げた——という付記だ。昌益が字書を編むにあたって『字彙』が大きなよりどころであったことがこの項でもうかがえる。「戀」の常用字が「恋」。しのぶ、思い慕う、男女が相思う……などの意で「孌」に同じだと『新大字典』は解く。この「恋」と前出の「愛」を合わせれば「恋愛」となる。恋も愛も洋の東西を問わず人間がこの世に生き、潤い幸せを得るため意義深い言葉。江戸時代、夫婦愛を唱えた昌益だが、ご当人はどんな恋をし、どんな家庭生活を営んだのだろう。

27 戈にもとづく文字

【成】セイ

ハ戈ノ力ト作ル。是《こ》レ軍戦ノ私勢、戈力ヲ以テ推取《おし》リ強盗シテ望ミニ叶《かな》フヲ成《ナル》ノ字ト作ルナリ。是レ伏羲起《た》チテ乱世ト為《な》ルヨリ大罪有リ（三一二頁）。

戈《ほこ》の力と作り、成にする。手勢を率いて合戦し、戈の力を使って権力を奪い取り、力ずくで天下国家を手に入れることこそ望みが叶《かな》うことだとして、成るの字に象っている。伏羲が支配者となり世が乱れ始めて以来、こうした大罪が大手を振るっているのである。

——字源字書などでは確かに戈の部に収め、戊（ぼう・つちのえ）と丁の合字とし、草木が十分に繁茂しつくす（戊と同じ意）と訳す。白川静著『字訓』（平凡社）で「成」は戚《まさかり》や戈に呪飾をつけた形と解く。成の字を用いる成語、熟語は成案、成育、成因、成果、成学……と多い。一方、悪い印象の熟語等では、傍若無人に振る舞う成り上がり者や成り金（将棋で歩が金に成る——を転じ）など。成の字を冠する権力者なら一二〇六年にモンゴル帝国の創始者となった成吉思汗《チンギスハン》が有名。昌益は戦い、略奪、支配をこの世から一切排除しないと乱世は続くとした思想、理念の持ち主。自著『自然真営道』などで説く伏羲の〝失《あやま》り〟をここでも引き合いにし信念を貫いた。戈による字の部、二字目の「戊」（ぼ・ぼう・つちのえ）でも「戊は天地自然の気の運行を表わす字」だとし、それを戦争の道具である戈《ほこ》を使うなどでたらめ。中国の聖人どもはなにを思って作り上げたのか……と斬り込み、伏羲だけではない国家私物化の輩《やから》へ「ただただ知に誇った病としか言いようがない」（凡《タダ》、亢偏知ノ病ヒナリ）と嘆き、鋭い筆法でたたく。

【我】ガ

ハ、千戈ト作ルナリ。千《コレ》ハ千ナリ。千戈ヲ以テ斬リ取リ強賊シテ己レヲ利スルヲ我ト為スハ我ナリ（中略）。「ワレ・カタブク」和訓（三一三頁）。

千の戈として我に作る。たくさん（千）の武器（戈）を使って、斬り取りや強盗をして己れを利するさまを我と作り、我を表わす（中略）。訓「われ・かたむく」。

【戦】セン

ハ戈單《ヒトヘ》ニナル則《とき》ハ必ズ戦《タタカ》フト作ル（中略）。「タタカフ・ヲソルル・ヲノノク」

和訓（三一三頁）。

戈《ほこ》が鞘《さや》を外して裸（單《ひとえ》）になったばあいは、戦さにむかうとの意に作る（中略）。訓「おそれる・おののく」。

——まさにほこ（戈）を取ってたたかう字義。いま、安倍晋三政権は積極的平和主義と言いつつ、真逆の戦い、戦争ができる国を目指すように見える。集団的自衛権の行使に絡む新安全保障関連法案に対し「戦争法案だ」と野党は追及する。あるコミック誌に「戦争を起こすんだよ。その火種が欲しいの」というフレーズがあった。国会質疑で自衛隊をつい「わが軍」と発言した安倍首相。漫画の吹き出しのような本心が透けて見えやしないか。世界に誇るべき平和憲法下の日本、人道上からも断じて戦争の道など歩んではならない。昌益は戦争、争いを嫌う根っからの平和主義者。この字解末尾に「外にも戈に因む字は多いが、すべて無益であるばかりでなく世を惑わすもの」と警戒し、解く字数を十三字に留めた。因《ちな》みに『新大字典』では戈の部へ六十余字、『新漢語林』（大修館書店）は四十八字を採録する。

28 手にもとづく文字

【技《キ》】ハ、支ハ四肢ノ象リニシテ、人形ノ四肢ヲ手ニ持ツ象リニ作ル。故ニ「アヤツリ・ワザ・タクミ」和訓（三一六頁）。支は四肢を表わし、手（扌）を添えて人形の四肢を手で操るさまに象る。訓「あやつり・わざ・たくみ」。

【抄《セウ》】手ヲ附《つ》クルコト少《スコ》シト作ル、故ニ「ヌク・ヌキイダス」和訓（以下略、三一六頁）。少しばかり手（扌）をつけると作り、抜き取る意を表わす。訓「ぬく・ぬきだす」（以下略）。

【拍《ハク》】手ガ白《モノイフ》〈マフス〉、故ニ「ヒョウシウツ・タタク」和訓（以下略、三一七頁）。ものを言う（白《もうす》）かのように、手（扌）で音をたてるさまに作る。訓「ひょうしうつ・たたく」（以下略）。

【抜《バツ》】ハ手ニ友ヲ添《そ》フト作ル、故ニ「ヌク・ヌキンデツ」和訓（以下略、三一七頁）。似かよったもの（友）を選んで手（扌）にとる意を表わす。訓「ぬく・ぬきんでる」

（以下略）。

【撮】サツ

手ニ最《モット》モナル故ニ、「ツマム・トル」和訓（以下略、三二二頁）。

手（扌）に最もと作り、いいものを選びとる意を表わす。訓「つまむ・とる」（以下略）。

——つまみとる意、とは二指、あるいは三指でつまむことからくる。古くは指でつまむ黍《きび》の量を圭の単位で表わしたとされ、一つまみは四圭（一圭は黍六十四粒。『新大字典』）。昨今ではもっぱらツーショットで写真を撮る、女性モデルをビデオに撮る——などに用いられる。因《ちな》みに「撮景」は写真を撮り、「撮要」とは要点を取り出すことだという。

29　斗にもとづく文字

【斗】ト

ハ十升ノ名ナリ。南斗・北斗ノ星モ数ヲ斗《ハカ》ルヲ以《もっ》テ斗《ホシ》ト為《な》ス（三二八頁）。

十升のこと。南斗・北斗と星の名に斗の字を用いるのは、並んだ星の数を数える（寸=はかる）ところから来たもの。

——「斗牛」とは北斗星と牽牛《けんぎゅう》星、また南斗星と牽牛星、「斗南」は北斗星以南、転じて天下を指す。ところで、戊辰戦争に敗れた会津藩（福島県）は一八六九（明治二）年、新政府から再興を許され斗南藩《となみはん》とし、八戸藩や七戸藩《しちのへはん》領などに接するごとく会津から分断移封された。廃藩置県により一年九カ月でその名は消えたが「北斗以南皆帝州」の志で最北の地に生きる命名だったとか（斗南會津会記念誌『先人斗南に生きる』要約）。

【料】レウ　米飯ノ菜ヲ斗《はか》ルト作ル、故ニ「ハカル・コトハリ・ヲサム」和訓（以下略、三二八頁）。

御飯（米）のおかずをあれこれと考える（斗＝はかる）と作る。訓「はかる・ことわり・おさめる」（以下略）。

――昌益の直耕精神、真人と呼ぶ人々の生き方の根底は稲であり米。昨今の字源辞書でも「料」の会意を「米が斗《ます》の中にある意」とし、あてがい（給料）や料理の材料、牛馬のかいば（餌）――など広い字義あり、と解く。

30　日にもとづく文字

【昌】《シャウ》「アキラカ」（三三二頁）。
訓「あきらか」。

――なんとも簡略な解説。それをあえて採録したのは安藤昌益の「昌」であるが所以《ゆえん》だ。昌益の号は「確龍堂良中」や単に「良中」「安藤良中」など知られる。この項「昌」の字は「アキラカ」の和訓四字だけ。昌益は人の前に出ず美辞麗句を嫌い、暮らしは質素となれば〝シャイ〟な人柄が浮かぶ。因みにこの字の前後にある「旿《ゴ》」「昆《コン》」「昇《シャウ》」「昉《ハウ》」「明《メイ》」は全て「あきらか」と読ませ、他の解きはせず『私制字書巻』にもこうした例は少ない。因みに「昌」は「あきらか」のほか「善い」「さかえる」あるいは草の名「あやめ」の菖蒲に通じる（『新大字典』）。また「旿」はあきらかの意だが、いまでは読んで字の如し……とはいかず、読みが少し違う字もある。

【時】《ジ》ハ日ノ光気一ヨリ十、十ヨリ一ト寸《ハカ》ル天ノ五行ノ気感、進退ノ十《トキ》気ハ時《トキ》（以下略、三三四頁）。

日の光が万物の隅（一）から隅（十）まで働きかける（寸《はかる》）のは、天の五行の進退運動によって生じる十気によって営まれるものであると作る。この十気《とき》の運動を時《とき》と言う（以下略）。
——天の進退運動で生じる十気を「とき」（時）とかけるは昌益の洒落《しゃれ》？

【智《チ》】ハ矢口ノ速ヤカニ通ルガ如ク、日光至ラザルコト無キガ如ク、人、見・聞・齅・味・思ニ通ズルヲ、是レヨリ、「モノシリ・シル・アキラカ」和訓（以下略、三三五頁）。

矢の切先（口）が素早く通るように、また日の光が万物を貫き働きかけるように、人が見・聞き・嗅《か》ぎ・味わい・思うことすべてに、速やかに通じる意を表わす。訓「ものしり・しる・あきらか」（以下略）。

【暗《アン》】ハ、風音スル則《とき》ハ必ズ雲起リ日見ヘズトナル、故ニ「クラシ・ヤミ」和訓（以下略、三三五頁）。

風が吹き木々がざわめき（音）出すと、必ず雲が起こって太陽（日）が隠れ暗くなるさまに作る。訓「くらい・やみ」（以下略）。

31　月にもとづく文字

【有】イウ ハ、古聖ナヲナ《ヒダノヒヂ》ト為ス、然ル則《とき》ハナ《コレ》ニ月ヲ附ケテ有ノ字ト為《す》ルコト、其ノ理象ニ非《あら》ザル失リナリ。故ニ曰《い》フ、天ハ南ハ頭面ニシテ北ハ背、東ハ左《ひだり》西ハ右。有明《ありあけ》ノ月ハ西ニ有リ、故ニナノ右ノ字ノ口ヲ去リ月ヲ附ケテ有ト作ルハ有明ノ月ニ因リテ之レヲ作ルト観《み》ヘタリ（以下略、三三八頁）。

聖人は、ナを左肘としているが、だとすれば左肘（ナ）の下に月を添えて、ものが有るとの意を表わすというのは、理屈からいっても、象《かたど》りからいっても無理である。だからといって「天は南が頭で北が背、東が左で西は右であり、有明の月が西空にかかっているさまを、右の字の口の代りに月を添えて表わし、有の字は有明の月から作ったもの」というに至っては笑止である（以下略）。

――この項、以下略を要約し紹介すると昌益は有の字源の誤りを突きつつ「このように『字彙《じい》』『玉篇《ぎょくへん》』はすべてでたらめ（悉《ことごと》ク妄失ナリ）、でっちあげ」と断ずる。『字彙』や『玉篇』は中国の明、南北朝時代に著わされた字書。昌益はもちろん、有の字は「[illegible]」と作字し自説を補う。表記される「有明の月」とは陰暦十六日以降、夜が明けかけても空に残っている月のこと（『大辞泉』小学館）。また、昨今の字書で有は「又《ユウ》」と「月」の合字とする。又はものをかかえ込むさまとし、昌益の字解とは意を異にする。

【朋《ホウ》】ハ天ニ二ツノ月無シ、何ヲ以テ月二ツトシテ朋ト為ルヤ（以下略、一二三九頁）。

天に月が二つもあるわけではなく、どういうわけで月を二つ並べて朋《とも》だというのか（以下略）。

――この字でも昌益は「並ぶものがなく、唯一つに尽《つ》きているから月というのではないか」と洒落っ気をのぞかせながら皮肉る。さらに、「以下略」以降では「面朋・心友」の言葉を挙げ「顔見知りには朋の字を、心の通い合う者には友の字をあてて教えとする聖人の言説は、人々をたぶらかし天下をあざむく大罪ではないか」と突く。昌益には「宇宙は天地で一体、男女一対で人間となる」とする説がある。この項でもその文言を掲げ「自然の進退運動による万物の表われであり、万物を貫く法則性であるから、人間はすべて友と言える」とかなりの紙幅を割き、論陣を張る。

【服《フク》】「シタガフ・トラフ・シタフ」。是《こ》レ月ニ尸ニ又ト作リ、衣ヲ服シ、飲食ヲ服スト服ヲ用ユルコト、是レ衣食ノ理象無ク大失ナリ（一二三九頁）。

（服）月に尸・又を添えて服と作り、衣類を身に着け、飲み物を口にする義に用いているが、服の字には衣類・飲み物の義はまったくなく、大きな誤りである。

――この字解にも昌益はクレーム。その論拠は衣類を表わすなら衣に、飲食は食によって作字すべきという。「月による字の部」ではほかに朕《チン》、覇《ハ》の字などを挙げる。「朕」では天子や皇帝が民衆の上に君臨するさまを月が天に輝く様子に似るとしているが身の程知らずの大罪と言うべきもの。なぜなら月は天上から万物を照らし育むが、皇帝は人々の労働成果を貪《むさぼ》り取り、爛《ただ》れた生活をしているに過ぎない……とたたみ込む。「覇」については戦に勝って王位に就き王朝を革《あらた》めることから覇王の字としているがでたらめもはなはだしい。彼らはいずれも私欲の極みで「誰ニ免《ゆる》サレタル覇王為《た》ルヤ」と体制派へ？　一歩も引かぬ論を張り、昌益独擅の構えだ。

32　木にもとづく文字

【本《ホン》】ハ、下中《しモナカ》ノ十八木ノ根四方ニ生《ハ》エテ正シキ象リ。木ノ根ナル故ニ、「モト」ナリ。「モトヅク・ハジメ」和訓。「ホン」ハ進土音ニシテ呉音。「ハン」ハ漢音、「ハン」唐音。

故ニ本ハ木ニ一ナリ。自然ノ進退ハ無始無終ニシテ無数ナリ。然シテ、進退シテ妙用ヲ為ス一《ハジメ》ハ木ナリ。故ニ木一ハ本ナリ。故ニ一モ木ナリ、木モ一ナリ、人物生ノ本ハ木一ナリ。天地ノ全体ハ無始無終ノ自然ナリ。自然トハ五行ニシテ一真ナリ。故ニ人物ノ生ハ木ニ一《ハジマル》ナリ。之レヲ弁ヒズ、古聖、水ヲ以テ一ト為シ、生ノ始メト為ス。水ハ形ノ始メナレドモ、生ノ一《ハジメ》ニ非ズ。故ニ水ニ一六トスルコト大イニ失リナリ（三四一頁）。

中央下部の十は、木の根がしっかりと四方にはっているさまに象り、本《もと》を表わす。「ホン」進士音。漢音「ハン」。呉音「ホン」。唐音「ハン」。訓「もと・もとづく・はじめ」。

つまり、本の字は木に一の合字。自然は始めもなく終わりもなく進退運動を続ける存在の全体であり、しかも無数の存在でもある。この進退運動による有機的統一作用の初め（一）は木気の作用であり、つまり、一《はじめ》の木が万物の本なのである。一《はじめ》が木であり、木が一《はじめ》なのである。万物の生成活動は木に始まる。宇宙全体は、始めもなく終わりもない万物の生成活動という自己運動の全体をいうのであり、自己運動は木・火・土・金・水の五行として現われるが、それを行なっているものは一なる存在、真である。そして、万物の生成活動は木に始まる。このことを認識しないで、古来聖人は水を至上のものとして、水を万物の生成活動の根源・始めとしているが、水は万物が形体を得るときの初めではない。
したがって、水を至上のものとし、一や六を当てるのは、大きな間違いである。

――今日の字書では本が草木の根本とし根源、みき、はじまり、おこり、生まれつき、ほんもと、かなめなどを字義とする。さらには中心、祖先、父母、農業、故郷、性質などと字義は広く手本、書物、草木を数える語にも及ぶ。昌益には五行説、「土」を別格にしたという四行説がある。理念、思想展開の時期により変化したとされ〝無始無終〟など独特な理論とともに「本」の字でもその片鱗をのぞかせた。ただ、現代では宇宙、天体観察などでも生命の源に「水」の存在が大きなファクターとなっていることは間違いない。

【杁《ハツ》】

ハ木ヲ八《ヒラ》キ地を而《ナラ》ス器ニ作ル、故ニ「エブリ・チリカキ」和訓（以下略、三四二頁）。

木の柄の先に横板をつけ（八《ひらく》）地面をならすよう作った道具と作る。訓「えぶり（柄振り）・ちりかき（塵掻き）」。

――稲作で古来、用いられてきた杁《えぶり》。字源解釈で昌益が説くように田んぼを平らにし田植えがしやすくしたり、莚《むしろ》に広げた穀類を均《なら》す作業に使う農具。秋田の農家出身という昌益だから幼少のころからその大切さを知っていたのだろう。現代では死語に近く、字書類でも紹介されないか簡略。『大辞泉』（小学館）や『広辞苑』（岩波書店）などには載る。ちなみに、『広辞苑』では朳の絵を描き「朳摺《えぶりすり》」は東北地方で小正月に豊作を祈る行事――としての解説だ。その東北の地、青森県の八戸地方に八百年ほど前から脈々受け継がれてきた五穀豊穣《ごこくほうじょう》祈願「えんぶり」祭り（国指定の重要無形民俗文化財）はこの朳が語源。例年、まだ寒い北国の二月、春を掘り起こす祭りとして知られ、多くの観光客が素朴な祭りに酔う。江戸期、この地で十五年ほど暮らした昌益は稲などの農作物が冷害を受ける飢渇《けがち》（飢饉）を目の当たりにし農民を思い遣《や》った。

【村《ソン》】ハ並木ヲ寸《ハカ》ル、故ニ遠ク並木ヲ視テ村ヲ知ル、故ニ「ムラ・イチ」和訓（以下略、三四三頁）。

木々が立ち並ぶさまを見てそれと知る（寸）との意に作り、家々が集まっている村を表わす。訓「むら・いち」（以下略）。

【東《トウ》】ハ木ニ日ニシテ、木ハ東ニ位《くらい》シ日ハ東ヨリ出《い》ヅ、其ノ方ハ日・木トモニ東ニシテ日木ハ日ノ本。「ヒガシ・ハジメ・アヅマ」和訓（以下略、三四四頁）。

木と日の合字。木は五行では東に位し、日は東から上る。つまり、日も木もともに東を表わし、日と木の合字である東は一日の初めを表わす。訓「ひがし・はじめ・あずま」

（以下略）。

【果《クワ》】田《タガヤス》木《キ》ニシテ田ノ穀ノ実成《ミノリナ》ルガ如ク木ノ実成《ミ》ル、故ニ「コノミ・クダモノ・ハタス」和訓（以下略、三四五頁）。

耕す（田）木と作り、田に穀物が実るように木に実がなる意を表わす。訓「このみ・くだもの・はたす」（以下略）。

――木の上に実がなるさまの象形は昌益の解説通り。が、田畑を耕し米穀のパワーを信じ生産活動の基幹に思想を展開した昌益、この字解でも手抜きせず。英語で「耕す」はカルチャーであり文化。農業はアグリカルチャーだ。

【栗《リツ》】ハ、西、金気ノ時熟シ、木ハ鉄ノ如ク剛《コハ》バル故ニ作ル、「クリ・ツツシム」和訓（三四六頁）。

西は金気が主り、金気の時つまり秋に実が熟し、殻は金気で針のようにこわばっている木との意に作る。訓「くり・つつしむ」。

――苗木を植え実のなる歳月を数える言葉が「桃栗三年柿八年」だ。栗や桃は成木になるのが早く三年余という。栗の実はマロン、桃はピーチで双方とも子どもや女性が好むスウィーツ。柿も桃と同様のフルーツで、干し柿は酢の物の食材としても使う。

【梅《バイ》】ハ毎木ニ先《サキダ》ツテ花咲ク故ニ字トス、「ムメ・スミ」和訓（三四七頁）。他のどんな（毎）木よりも早く、春先に花をつける木の意に作る。訓「うめ・すみ（酢味）」。

【棺《クワン》】ハ尸《しかばね》ヲ入ルル。故ニ死シテモ官位有リト作リテ、「ヒツギ」和訓（三四八頁）。屍《しかばね》を入れる木製の箱、死後も官位によって差があることから木に官と作る。訓「ひつぎ」。

【業】ハ草ノ半木ト日々業《スギアイ》ス、故ニ「ナリワイ・スギアイ・ワザ」和訓（三四九頁）。草（业）の中（半）へ入って木製の道具で日々農耕に励むとの意の合字。訓「なりわい・すぎあい・わざ」。

――ほか、この項では樹、機、様などを挙げる。しかし、昌益は『字彙《じい》』で木に因《ちな》む字は千二百余り収録されるが、自分が選び解いた百三十字余りで用は足りる。なお足りなければ用途に従って木による作字をすればよい（「古書ニ別ナルコト無シ」）――といたって柔軟《フレキシブル》な思考だ。

33　歹にもとづく文字

【歹】セツ　ハ、一《コレ》ハ冖《コレ》ナリ、夕ハ肉ナリ、丶《コレ》ハ骨ニ出タル象リニシテ破《ソコナ》ヘ骨ナリ、歹《ソコナヘホネ》ナリ（三五五頁）。

一は皮膚、夕は肉、丶は骨で、折れた骨が肉を破り突き出たさまに作る。訓「そこないぼね」。

――今日では「歹」をがつ、がち、と読ませ、がつへん、かばねへん、いちたへんなどと呼ぶ。字源は肉を削った残骸からとし、死ぬ、斃《たお》れる――など凶事に関する字が多い。

34　殳にもとづく文字

【殺】セツ　ハ木ニメ《シメ》ツケテ殳《ツエウ》ツト作ル、故ニ「コロス・シナス」和訓（以下略、三五五頁）。

人を柱（木）に縛り（メ《しめ》）つけて折檻《せっかん》（殳）すると作る。訓「ころす・しなす」（以下略）。

――非道、むごいことを「そんな殺生《せっしょう》な……」というが、殺しは仏教で五戒、八戒、十戒のいずれにも入る戒《いまし》め。「殺」には自然の営みで秋に霜が降り草を枯らす、枯れる——の意もある。閑話休題の類《たぐい》だが「殺生関白」とは豊臣秀吉の養子・秀次の異称。粗暴な振舞いが多いことから「摂政関白」をもじったという。江戸期前、安土桃山時代の庶民も暮らしのなかにユーモア感やエスプリ性を潜ませていたのだ。

35　氏にもとづく文字

【民《ミン》】ハ氏ヲ兀《ハ》ガルルト作リテ、「タミ・ヲロカ」和訓。是レ聖《ひじり》、私ニ推シテ上ニ立チ、己レガ九族ヲ以テ氏ヲ立テ、上、公・侯ト為シ、氏ヲ立テザルヲ以テ下民ト為ス。之レニ依リテ氏ヲ兀《ハ》イデ民ノ字ト為ス。本《もト》、天下ハ一人ニシテ万万人ニシテ一人ナルヲ、上下ヲ為シテ、氏・民ヲ作ルコト妄《みだ》リニ私ノ至リナリ（三五八頁）。

苗字（氏）を剥奪（兀）されたものとの意に作る。訓「たみ・おろか」。これは、聖人と称する輩《やから》が自分勝手に人々の上に君臨し、みずからの一族を何何氏と称し官位を与え、上を貴族と為し、氏を名乗らない普通の人々を下民として身分の別を立てたことに始まるものである。つまり、氏を名乗る権利を奪（兀）われた人々との意に作り、民の字としたものである。本来世のなかとは一体のもの、すなわち何万人いようとも平等であるべきものにもかかわらず、これを氏族と下民などという差別的な身分制度をこしらえあげ、これを破壊するとは、非道の極みである。

――『春秋公羊伝《しゅんじゅうくようでん》』（中国春秋時代＝前七七〇～前四〇〇年頃の書）には既に士農工商をして四民――との記述があるという。万々人にして一人……の昌益理論がここで炸裂。現在でも民百姓と言えばまさに差別、不快用語の批判を浴びそうだ。しかし、昌益はこの百姓、民衆こそが正人と説く。正は真にも通じ「せい」と読ませ「聖」の対語的な用い方をした。昌益にとって「聖」の人とは王や帝、君と呼ばれる支配者、権力者、それに口達者な僧侶らを指す。正しく生きる、即《すなわ》ち直耕の人たち（正人）には上下、支配関係はなく、ましてや人が汗して得た労働果実を掠《かす》め取る者などおらず、男女の差もない――と唱え、昌益はそんな世を希求し、論を張った。ところで「正人《せいじん》」とは昌益の造語とも推されるが「心、所行ノ正シキ人」とし『書経《しょきょう》』に載るという（『大言海』冨山房）。『書経』はかの孔子が編んだとされるもの。繰り返すようだが、昌益は孔子批判者であり「備道《びどう》を行なって、私法の書学を欲せず」や「自然真営道を体得し、実践する人」などと「正人」を定義し、孔子編の字義はともかく、己が論を展開している。昌益の造語「備道」とは自然に備わる人の道――と解してよかろう。

36　水にもとづく文字

【汁】シフ

ハ水《ミツル》十ト作ル、故ニ「シル・カナフ・ツラナル」和訓（以下略、三六〇頁）。

水分（氵）がたくさん（十）との意を表わす。訓「しる・かなう・つらなる」（以下略）。

【決】ケツ

水《サダ》夬マル、故ニ「ナガル・シズカ」（三六二頁）。

水（氵）が一定（夬）の方向に向かうとの意に作る。訓「ながれる・しずか」。

【法】ハフ

ハ水ニテ穢《わい》汚《お》ヲ洗ヒ去リ浄《きよ》ムト作ル、故ニ「コシラヘ・ノリス」ト訓《ヨ》ムナリ（三六四頁）。

水（氵）で汚れを洗い去ると作り、自然の存在法則である互性に反し、恣意《しい》によって目《め》障《ざわ》りなものを排除するという差別的・人為的な制度を表わす。訓「こしらえ・のりす」。

――漢読みで「ハフ」と昌益はルビを振るが、現代風に書き換えれば「ホウ」。元来、廌《ち》と水、去の合字とされ、水は平らで公平の義、廌は「性、罪を知る神獣」の一種、去は

「悪を取り去る」の意味。その三字を合わせた会意から、おきて・のり・てほん・道理などを字義とする（要約『新大字典』）。

この「法」に思いの丈をぶつけるのがほかならぬ昌益だ。無階級社会である「自然ノ世」に対し階級社会が法の世であり、昌益はこれを「法世《ほうせい》」と呼び独自の論を構築した。いわゆる、正人と対峙《たいじ》し、耕さず貪《むさぼ》り食《く》う権力者が自分の都合のよいように制《こしら》えたのが法律や制度。支配者の都合による法だから「私法《しほう》」であり、それが「法乱ノ世」とし「兵乱ノ世」、「妄乱ノ世」さらには「禽獣ノ世」などと断じる。一家言どころではなく、思想家・安藤昌益の根幹をなす理念と言ってよかろう。

法の字を挙げればいま、日本国憲法を巡って百家争鳴の観。言わずと平和憲法の改正を次期に狙いを定め、まず「集団的自衛権」を発動しようとする関連法案が導火線だ。書家で漢字文化に詳しい評論家の石川《いしかわ》九楊《きゅうよう》著『文字からみた東アジア～漢字の文明　仮名の文化』（農文協）によれば「日本国憲法の前文と第九条は、もっとも良質な西欧思想の日本への亡命である」という。その論拠が「（過去の）歴史から言えば、軍備は持たない、戦争はしない、国の交戦権を認めないとする日本国憲法の前文と第九条とは極めてこの国にふさわしい思想であり条文」なのだ。さらに「日本人が独自に憲法を考えれば、まったく意味不明であった太平洋戦争を起こす程度の憲法制定力しか持ち得なかったことだろう」と憲法草案の戦勝国押しつけ論に抗するごとくの憲法制定論。改憲論側に立つ「戸締り論」には「泥棒は犯罪であり、やがて捕えられ罰せられる」。しかし、「国家による殺戮《さつりく》と破壊は国際法上合法」となる。が、よくよく考えればこれは「人類史上、想像を絶する未熟な無法にある」と指摘も手厳しい。法の矛盾《むじゅん》か世のリーダーたちのごまかし、詭弁《きべん》か。この論、昌益に通じそうだが……。

【泰《タイ》】ハ二大ノ水ナリ、二大ハ天地ナリ、水ハ天玄・地海ナリ。故ニ「ユタカ・ヤスシ」（三六四頁）。

二大と水との合字。二大とは二つの大いなるものとの意で天地を指し、二大の水とは天の黒々とした果てしなさをつかさどる水気、及び地を覆《おお》う海の水のことであり、転じて遍《あまね》く存在するとの意を表わす。訓「ゆたか・やすい」。

【海《カイ》】ハ毎《ツネ》ニ水ナル故ニ「ウミ」ナリ（三六六頁）。

どこまでも（毎《つねに》）水（氵）が広がっていることの意に作る。訓「うみ」。

【漁《ギヨ》】ハ水中ヨリ魚ヲ取ル、故ニ「スナドル・アミヒキ」（三六九頁）。

水（氵）中の魚を取るとの意。訓「すなどる（漁）・あみびき（網引き）」。

【潮《テウ》】ハ朝ノ水ナル故ニ、「アサシホ・ウシホ」（三七〇頁）。

朝のあげしお（氵）との意。訓「あさしお・うしお」。

37 火にもとづく文字

【火《（クワ）》】ノ弁、前ニ有リ。猶《なヲ》妙義ヲ謂《い》フ則ハ、火ハ自然ノ大進気ニシテ中ニ四行ヲ具《そな》ヒ、五十大行ヲ尽クシテ神ノ体ナリ。故ニ天地・人物ニ具《そなわ》ハラザルコト無シ、是ノ妙義火ノミニ非ズ、五行各《かく》々是ノ如クニシテ、五行ニシテ一行、一行ニシテ五行、五一・一五ナリ（三七六頁）。

前述の通り。なお、大事な点をつけ加えれば、火は自然の大進火であり、自身のなかに木・土・金・水の四行を内在させつつ運動し、五行が進退して十行、さらにそれぞれが五行として運行し五十行の大運動をして、万物に宿る。したがって宇宙万物には、こうした火の性質が必ず宿されている。しかもこれは火のみに限らず、五行それぞれについていえることであり、五行で一つの統一的な運動となり、統一的な運動とはこうした五行のそれぞれの運動をいう。つまり五にして一、一にして五という個別性と統一性を備えた運動なのである。

――昌益が好んで展開する五行説。「前述の通り」とは『自然真営道』第一、私制字書巻一の「文字ノ始メ」を指すとされる。即《すなわ》ち、「伏羲は天を仰ぎ見て気の運行を知り、地を見下ろして物事を観察し、天地の理を考察して、天の太陽と地上の火の外が明るく内が暗いさま」の記述であろう。この記述の後段に、伏羲はまず火という文字を作り、次に「月と地上に流れる水を観察し、水という字を作った」と解く。

【灯《テイ》】ハ火ヲ丁《コ》ノ如ク高クス、故ニ「トモシビ」トス（三七六頁）。

火を高く掲げたさま（丁）に作る。訓「ともしび」。

【灰《クワイ》】ハ厂《コ》ノゴトク爐《ロ》ヤ竃《ヘツイ》ノ象リニシテ、火ヲ燔《モヤ》セバ出ル、故ニ灰ト作リ、「ハイ」トス（三七六頁）。

厂は炉《ろ》・竃《へっつい》の象り、そこで火を燃やしたあとに残ったものとの意に作る。訓「はい」。

――昌益が唱えた思想には「活真《かっしん》」や「土活真《どかっしん》」がある。活真は「活《い》きてまこと」と読まれるが、すべてのエネルギーの根源をいう。五行論の「土《ど》」を思考の中心に位置づけ、物事を内部から突き動かす真の力を土活真と定義する。また、旧来の家々に必ずあった炉《ろ》端《ばた》・竈《かまど》は家族の食を煮炊きする重要な場所。そこで薪《まき》を燃やせば必ず灰を生ずる炉に、昌益は「炉土活真ノ直耕」などの論をたて、大きな意義を唱えた。ちなみに「灰」はアルカリ性で酸性土をやわらげる働きがあり、現代でも肥料などに使われる。

【災】サイハ、巛《コレ》ハ水ナリ、火ノ上ニ水覆《ヲヲ》フトキハ火消ユルナリ、火ハ乃《すなわ》チ人ノ神《しん》ナリ、是レヲ消スハ身ノ難ト為ル、故ニ「ワザハイ」トス（三七六頁）。

巛は水を表わし、火の上を水で覆えば火が消えるとの意を表わす。人体の火気は神《たましい》であり、神が消え去るとは、人の身にとってこの上ない不幸であるとの意。訓「わざわい」。

【無】フハノ《タテ》ニ一《ヨコ》ニ川《タテ》ニ二《ヨコ》ニ木ヲ積ミ重《カサネ》テ下ニ火ヲ附テ焼キ尽クシ、何モ残ラズ「ナクナル」ト作ル。故ニ「ナシ・アラズ・ナカレ・ミヘズ・ナクナル・イナヤ」（以下略、三七八頁）。

縦（ノ）横（一）縦（川）横（二）と薪をいげた《井桁》に組み、下から火（灬）を付けて燃やし、焼き尽くして跡に何も残らないさまに作り、なくなるとの意を表わす。訓「ない・みえない・あらず・なくなる・なかれ・いなや」（以下略）。

――昨今でも「無」の字は火、灬（れんが、れっか）の部首に入るが、字源は大、廿《にじゅう》、廿、林の合字。木が大いに繁茂する義とし、のちに亡に通じて「なし」と訓じたという。それはさておき、「以下略」にある昌益の注釈が奇抜だ。要約すれば「釈迦は死んだとき、白檀《びゃくだん》の木を焚《た》いて荼毘《だび》に付され、極楽往生《ごくらくおうじょう》を果たした。以後、仏教では無を最高の境地として尊び、悟りを開いて成仏するという。なんと愚かなことか」と嘆く。愚かさの根拠は、焼き尽くそうが焼き尽くすまいが火は火であって他の何物でもない――と斬り捨て、またもや四行、五行説にまで及ぶ。釈迦が直耕の正人、真人なら昌益は見方も変えたろうが、聖人は不耕貪食者の徒。釈迦に説法どころか後世までその信を問う。

【熊《イウ》】ハ火能《ヨク》スト作ル、能ハ、肙《エン》ハ肉ニ生ズル小虫ナリ（以下略、三七九頁）。

火気（灬）が盛ん（能）であると作り、肙は体にわく虫を表わす（以下略）。

――以下略に続く昌益の熊の字解は長め。要約すると（熊は）冬眠に隠して掌中《しょうちゅう》にわいた小虫を食べ肉に変え、その熱気で体温を保ち冬を越す……と記述。また欄外に、熊は手についたアリを食うが、このアリの類は火気をもっていると、補う。クマは熊の胆《い》（胆汁）が漢方薬とされ、飲めば胃や肝臓、滋養強壮などに効ありとされている。昨今、肉は洋風にジビエ料理などで顔を出す。『古事記』や字書類では神の化身（化能）とか体が大きく力の象徴などとし、能に烈火（灬）を添えた字だと字源をたぐる。アイヌは熊を尊び、小魚のシシャモ同様、カムイ（神）の使い。マサカリをかついだ金太郎を背に乗せたり、ベアと呼ばれ愛嬌ある縫いぐるみ、ゆるキャラ……と昔話から現代まで熊の人気は高い。

38 牛にもとづく文字

【牧《バイ》】ハ牛ニ文《カザリ》シテ養フ、故ニ「ウシカフ」（三八四頁）。

牛を家族同様に扱い（攵＝かざる）養うさまに作る。訓「うしをかう」。

【物《フツ》】ハ牛ハ犠《イケニヒ》ニ成ル、故ニ外ノ料理ニ為《ツカ》フベカラズ、牛ヲ勿《ハラ》フテハ何ニテモ厭《イト》フコト無シト作ル、故ニ牛ニ勿《ナカレ》トシテ物トス、故ニ「モノ・コト・タグイ」。万事、万物ニ応ジテ用ユルニ皆通ズ（三八四頁）。

牛は神前に供える生贄《いけにえ》となる動物であり、日常の料理に使ってはならないもの。逆に、牛を除けば（勿《はらう》）何を用いても構わないわけで、牛に勿と作り、牛を除いた万物を表わし、転じてすべてのものごとに対して用いる。訓「もの・こと・たぐい」。

【犠《ギ》】ハ牛ヲ義法ニ祭ル、故ニ「イケニエ」（以下略、三八四頁）。

儀（義）式の際、神前に牛を供えるとの意に作る。訓「いけにえ」。

——牛偏の末尾がこの「犠」。ほか、牛による部首の項に採録される「特」の字では種牛として適当かどうか頭の先（一）から爪先（十）まで、つぶさに観察（寸＝はかる）するとの意から作る……と解く。が、現代でもこれはおす、おうし、という意味を含み、嘘《うそ》のようで本当の字源をもたせる。因みに田畑を耕す道具「犂《すき》」もこの項で解かれている。

39 犬（犭）にもとづく文字

【犯】ハン ハ、犬、時ニ巳《ヲコ》ル、故ニ「ヲカス・ツルム」（三八五頁）。

犬（犭）が発情期に交尾する（巳《おこる》）と作る。訓「おかす・つるむ（交尾のこと）」。

——元来、犯の字は犬が人に逆らいおかす、を字源とするという。おかす——には「侵す」「冒す」などあり。

【狂】キャウ ハ、犬ノ王ハ諸犬ニ勝ツ、犬ハハナハダクルイマワルト作ルナリ。然《しか》レドモ、犬ニハ王・侯・民ノ分無シ、人モ本《もト》ハ王・民ノ分無シ、妄《みだ》リニ私ヲ以テ推シテ王ト為ル者、我威ニクルイマワル故ニ王ハ犬ノ如クト作リ、「クルフ・ヲカス・ヌスム」（三八五頁）。

犬の王と作りどんな犬にもましてむやみに走りまわる意を表わす。しかし、犬には王・諸侯・民衆といった身分差はなく、人も本来は王と民百姓といった支配・被支配の関係はなかった。ところが、一部の者が自分勝手に王として人々の上に君臨し始め、私欲にくるい権勢を張っているのである。つまり狂の字は、王が犬（犭）のように、むやみに、吠えまわっているさまに作ったもの。訓「くるう・おかす・ぬすむ」。

――「犬」を獣（犭）の代表とするのは、犬が古代から人間との関係が深かったからだろうとは現代字書でも推す。昌益思想の神髄、エッセンスとも言える理念がこの一字に集約された観。日本版のイソップ物語と高評される昌益著「法世物語」（『自然真営道』第二十四巻、別称「私法ノ世ノ物語」）を彷彿《ほうふつ》とさせるタッチ。昌益は「民百姓が働かされ、為政者、宗教者らが我がもの顔で暮らすこの世、法世《ほうせい》（私法）はやはりおかしい」と常々考えていたのだ。

【猪】チョ　ハ日ヲ考ヒテ昼《ひる》日ノ盛ンニ出ズ、夕夜ニ食ヲ貪《むさぼ》ル犭《けもの》ナリ、故ニ猪ノ字ニ為《つく》ル、居首《イクビ》ナル犭《けもの》ナル故ニ「イノシシ」トス（三八七頁）。

日照に応じて（考《かんがえる》）行動し、太陽が照りつける日中は動かず、夜になると餌を求めて動きまわる夜行性の動物（犭）との意に作る。首が太く短く、どっしりと居《すわ》ったように見えるところから、居首《いくび》の獣《しし》、イノシシと呼ぶ。訓「いのしし」。——猪《いのしし》の性質は猪突猛進に代表されよう。昌益思想の集大成は江戸時代、八戸藩領で頻繁に起こった農作物の冷害凶作による住民らの悲惨な食糧難、飢饉《ききん》だとされる。飢饉の一因が田畑を荒らす猪。藩の指示に従い金になる大豆作を焼き畑で大幅に増やしたことが自然のバランスを壊《こわ》し、猪の異常繁殖につながったとする考察だ。飢饉は飢渇《けかち》とも言い、『方丈記』などにも記述。昌益研究者、ファンの間ではこの時代、八戸藩で起きた事象を〝猪飢渇〟（南部地方らしく訛《なま》って「イノシシけがぢ」）と呼ぶ。

40　疒にもとづく文字

【疝】セン

ハ腎燥《じんかわ》キ気回ラズ、腰痛ム疒《やまい》ナリ。故ニ「コシヤマヒ」（三九八頁）。

山頂に気が廻らないのと同じように、腎が熱をもって乾いた結果、気が廻らず腰が痛む病気（疒）との意。訓「こしのやまい」。

——漢方医的な知見で古来、急激な腸や腰の辺りの痛みを「疝気《せんき》」と呼ぶ。この病に悩む人を疝気持ち——と辞書にも載る。高い山の気圧変化を捉えた字解は名医・昌益の面目躍如。

【疲《ヒ》】ハ痩《ヤセ》テ皮ノミノ疒《やまヒ》、故ニ「ツカルル」（三九八頁）。つかれ（疒）が重なり、やせて皮ばかりになってしまったとの意に作る。訓「つかれる」。

【疼《トウ》】ハ病《やまヒ》冬ノ如クニ凝《コ》ル、故ニ「イタム」（三九九頁）。冬の寒気が肌を刺すのと同じように、病気やけが（疒）で痛みが差し込むとの意。訓「いたむ」。

【療《リヨウ》】ハ疒ヲ尞《タイラ》グ、故ニ「イヤス・イユル」（四〇〇頁）。病気（疒）の種が尽きて、穏やか（尞）になるとの意。訓「いやす・いえる」。

——疒垂《やまいだ》れの項には当然、病気や精神的な異常に関わる字（痔、痛、瘻、癖など）が多く記載される。医師・昌益は未病、予防を旨とした〝赤ひげ医〟。その理念としたのは当時、軽視されがちだった婦人門（産科、婦人科）や小児門（小児科）を重要科目に据えた。江戸川柳に詠《よ》まれそうな金儲《かねもう》け主義の医者は「薬種屋の手代」というほどこき下ろす。

41　矢にもとづく文字

【知《チ》】ハ矢ノ口ナラバ必ズ疵《キヅツ》キ又ハ死ナント、故ニ「シル・サトル・トモ・ノリ」（四〇八頁）。

矢で射られてできた傷口と象り、必ず大怪我をするか死に至るのは知れたこととの意を表わす。訓「しる・さとる・とも・のり」。

――ことばに聞き、心に覚える――で矢の速さと口を合わせた字と昨今の字書は解き、「知」は「智」に通じるという。人の暮らしは耕し織ることだとし、知的なこと（他人を支配する才覚や文字、漢字の知識など）を重んじない昌益の端的な字解と映る。

42　失にもとづく文字

【失《シツ》】ノ弁、前ニ有リ。漢土ノ諸ノ字書ニ之レヲ載セズ、失リテ落スハ猶《なヲ》失リナリ（四〇八頁）。

前述の通り。中国より渡来した字書のいずれにも、失の部が掲げられていないが、失《あやま》って落としたとしたならば、二重の失りである。

――記述済みの「失」をまた挙げたのは昌益が「漢土ノ諸ノ字書……」と記すほど多面的に出典を求め、字書を編んでいた一端がこの項でも覗《のぞ》けるからだ。

43　米にもとづく文字

【粉】フン ハ米ヲ分《ワカ》ツテ「コ」ニナル、「シロシ」（四二一頁）。

米をすってこなごな（分）にすると作る。訓「こ・しろい」。

【粟】ショク ハ米ヲ覀《ヲハ》フ、米ト当分シテ飯ト為ル則ハ米ヲ覀フ粟《アハ》ノミト見ユ、故ニ「アハ・ヲハフ」（四二一頁）。

米を被（覀）うと作る。米とアワを等量ずつ混ぜて炊《た》くと、アワだけが浮いて米を被っているかのように見えるところから、アワを表わす。訓「あわ・おおう」。

――古来、肉と米の合字とされる。肉とは穀物の皮を剥《は》いだ実の肉を指す。農村で生まれ炉や竈《かまど》で煮炊き、自然界、森羅万象《しんらばんしょう》に観察力優れた昌益の字解。粟飯、稗飯を炊くと確かにその現象が起こる。疑問のむきはアワ飯、ヒエ飯を炊いてみたい。雑穀を加えたご飯は南部地方でいう〝かでメシ〟の類だが、いまや健康食でもあるから……。

【精《セイ》】ハ米ヲ青クナルホド杵《ツキ》ト作ル、故ニ「シラケ・キヨシ・モッパラ・クハシ・フカシ・タヘナリ」（四二二頁）。

米が青く透き通るほどになるまで搗《つ》くと作る。訓「しらげ・きよい・もっぱら・くわしい・ふかい・たえ」。

【糖《トウ》】ハ米ヲ唐《アマ》クスト作ル、故ニ「アメ」（四二二頁）。

麦芽を使って米を唐芋のように甘（唐）く煮つめる意に作る。訓「あめ」。

――「糖」にあめ（飴）の意はいまに伝わる。昌益は「米」にまつわる字を必要なもの（二十九項）だけにとどめ、あとは無益なので省く――と、ここでも筆を納めた。

44 糸にもとづく文字

【紅《コウ》】ハ糸ヲ工《ノブ》ル、紅花《べにばな》ヲ以テ糸ヲ染ムルノ言イ、「クレナヘ・アカシ・ベニ」（四二三頁）。

糸に加工を施すと作り、紅花で染める意を表わす。訓「くれない・あかい・べに」。

【給】キュウ ハ糸ニ合ス、是レ貧ニ福ヲ合《あわ》ハスノ象リ、故ニ「タス・タマハル・ソナフ」（四二四頁）。

少《スコシ》（糸）しのものも合わせれば多くなると作り、貧しい者に富を与え豊かにするとの意を表わす。訓「たす・たまわる・そなえる」。

【織】ショク 糸ニ戈ノ如クノ端立《ハタタテ》テ音スルハ、乃チ「ヲル」ナリ（四二七頁）。

経糸《たて》に戈《ほこ》のような杼《ひ》で横糸を飛ばし、踏木を踏んで音を立て、機《はた》を織るさまに作る。訓「おる」。

――「穀ヲ耕シ麻ヲ織ル」が昌益の好ましい生活スタイル。衣は機《はた》を織って充《あ》て、「天与ノ農業」で食を賄《まかな》い、穀精パワーで人間は生き、暮らしを安定させる。昌益論に限らず今日でも衣・食・住の備えは渾然一体《こんぜんいったい》なのだ。

45　羊にもとづく文字

【美】ビ 美・羙《ビ》皆羊ノ大ナル物ト作ル、故ニ「ウルハシ・イツクシ・ミゴト・アマシ・ムマシ・ホムル・ヨシ・ウレシ・ヨロコビ」。夆《ビ》モ同ジ（以下略、四三〇頁)。

美・羙とも書く。いずれも羊《ひつじ》の肉のこってり(大)した味わいを称賛して作ったもの。訓「うるわしい・いつくしい・みごと・あまい・うまい・ほめる・よい・うれしい・よろこび」。羍の字も同じ(以下略)。

――以下略……としたが、聖人はむやみに羊の肉を好み殺して食べた。善の字、養の字もこの類《たぐ》いで天の神を祀《まつ》ると称して羊を供えた。お寺もこれを真似《まね》て仏にも羊を食わせ、一方では肉食を禁ずるなど血迷う「聖人や釈迦」らの所業を見据えることだ――と昌益は論及。さらに、できることなら聖人・釈迦らが乱し始めた世以前、三万年前の自然の世を見てみたい……とこの項でも食いつく。

46　舛にもとづく文字

【舞】フ ハ舛《みだ》レ無シト作ル。而《しか》レドモ酒会乱舞ハ即チ舛《みだ》レナリ。故ニ舞ノ作リモ又失レリ。故ニ舞ハ乱ノ少ナル者ナレバ、㒨ニ作ルベキコトナリ(四四八頁)。

乱(舛)れ無(無)しとの意。しかし、酒宴・乱舞は乱れそのものではないか。つまり舜同様、舞の字も間違っている。舞は乱の序の口にすぎず、小（少）さな乱（舛）れとして舛に作るべきである。

――酒を嗜《たしな》まず、歌舞《かぶ》音曲《おんぎょく》も正人社会には不要とする昌益のモットー。ここに記述の「舜《しゅん》」は舛の部の二字目に示される字。舜の字解も「乱れを受ける」としているが子供だましだ……と強い調子。その根底には中国・舜公のことがあり、舜は昌益が毛嫌いする人物の一人だ。いわく、舜の字が乱れを受けるとの意はまやかし。なぜなら王侯・貴族などと称し舜は人々に君臨しているかのようなこと自体が自然の道に外れており、世を乱す原因。舜が権力者でいるからこそ反乱が起こるわけで、その意味から乱（舛）を受けるという部分だけは理屈にかなう――と皮肉っぽい。

47　艸にもとづく文字

【芳《ホウ》】

艹方々ニ気感ス、故ニ「カフバシ」（四五一頁）。

草（艹）があちこち（方）に香りをまき散らすさまに作る。訓「こうばしい」。

【茶】

八艸木《くさき》ノ間ニ𠆢《マタガ》ルニシテ、艸ニノ《またが》リ木ニ乀《またが》リ、草ノノ《ハ》ニシテ木ノ乀《ハ》ナリ、草ニ似テ草ニ非《あら》ズ、木ニ似テ木ニ非《あら》ズ、草ナリ、木ナリ（四五四頁）。

草（艹）と木の境界に位置する（𠆢《またがる》）との意。草の仲間（ノ）でもあり、木の仲間（乀）でもあり、木に似ているが木ではなく、草に似ているが草ではなく、草でも木でもある植物。

――茶葉をとる茶の木はツバキ科の常緑低木。インド、ベトナムなどと国境を接した中国南部が原産地。直耕の昌益、穀物だけでなく茶も毎戸で植栽すべし――と説く。いま我が国では静岡などが産地として有名。茶葉生産の北限は東日本大震災、津波で大被害を受けた岩手県陸前高田市の高台にある茶畑とされる。お茶は抗酸化作用のカテキンやビタミンCの効用が関心を集め、茶道には流派あり。昌益、茶話に心和んだかここでは草でも木でもないが、草でも木でもある……とお茶を濁した観の訳だ。

【落】ラク

ハ艹各各水ニ入リ、又洛人《ミヤコ》艹里ニ隠ル、故ニ「ヲツル」（四五七頁）。

葉（艹）が一枚ずつ（各）散って水（氵）中に沈むさま。また、貴（洛《みやこ》）人が零落《れいらく》して草（艹）深い山里に隠れ住むさまに作る。訓「おちる」。

――花の都・京都から八戸へ下った昌益はまさに都落ち。昌益は都市住まいを嫌ったが夫人、子らの心境やいかに。

48　虫にもとづく文字

【蚊《ブン》】文《クンクン》（ブン）鳴ク虫ナリ、故ニ「カ」トス（四六四頁）。
　ブンブン（文）と羽音をさせる虫との意。訓「か」。

——きまり悪く、自信のない声を「蚊の鳴くような声」——というが、現代感覚の擬音なら「プーン」だろうか。しかし、江戸時代後期、十一代将軍徳川家斉の政権下、松平定信老中が執った寛政の改革、いわゆる文武推奨、朱子学奨励策を皮肉った狂歌（落首とする人も）に「世の中に蚊ほどうるさきものはなしブンブ（文武）といひて夜も寝られず」がある。引用者によっては「蚊ほど」を「斯《か》ほど」とし「ブンブブンブと夜も眠れず」とブンブをダブらせるなど揺れあり。作は大田南畝《なんぽ》（蜀山人）だとされるが、本人は否定したとの説もある。蚊の羽音と〝文武〟をかけた……と読まれるが、『新大字典』で蚊は水中のぼうふらが羽化した虫でブンは音符、文はその羽音を示したもの……と解く。蛇足になりそうだが、蚊の羽音は一秒間になんと〝ホバリング〟二千回から派生する音、その蚊が世界には二千種も生存というから驚く。蚊に刺されればもちろん痒《かゆ》く、羽音も気になる存在。文豪・漱石の『それから』にも描写されるごとく、その昔は夜、蚊に襲われないよう寝間に蚊帳《かや》を張り「団扇《うちわ》をはたはたいわせ」眠入ったもの。家には網戸が備えられるいまでは蚊取り線香や虫よけ剤で大概は用が足りよう。近ごろ、〝蚊柱《かばしら》〟が立つほどの現象は見聞きしないが湿地やヤブなどには依然多い。俳句の世界で「蚊柱」は夏の季語としてあり、きわめて小さい力を「蚊力《ぶんりよく》」と表現するそうだ。近年、蚊が媒体となるデング熱やジカ熱騒動も取りざたされるから季節にはあなどらず、さらなる注意が必要だ。農業の分野、稲作ではウンカと呼ばれる虫が大発生し稲の汁液を吸い、枯らし、バイラス病の媒介となり、大被害を与えることがある。こちらはウンカがごく小さい虫だから蚊になぞらえたか。実は「浮塵子」と書き、カメムシ目ウンカ科の昆虫でヨコバイ類を含む。江戸時代、八戸藩でもこのウンカ被害で稲作が大被害を受け、たびたび凶作を誘発したともいう。

【蛙《カイ》】　ハ土土水ノ精ニ生ズル虫、「カイル」（四六四頁）。

あちこち（土土）の水の精気が凝《こ》って生じる動物（虫）との意。訓「かえる」。

――和訓の「カイル」は〝昌益訛り〟か。虫偏の蝶の項でも「てぐら」という表現あり。これは東北の方言で八戸地方でもかつては蝶を「てぐら」のほか「てがら」や「てぐらちょ（蝶）」などと呼んだ。字書巻ばかりではなく他の昌益著書にもこうした訛りらしき表現や旧仮名づかいがある。研究者のなかには東北、秋田訛りなどからも「昌益論は難しく分かりにくい」との指摘もある。因《ちな》みに作家・司馬遼太郎は「困ったことに昌益の文章が、漢文にまで東北音がまぎれこんでいて実に読みにくい……」（『安藤昌益に魅せられた人びと～みちのく八戸からの発信』近藤悦夫著、農文協）と評したものだ。

【蜂】ハウ　ハ人ヲ夆《サヘギ》ル虫、「ハチ」（四六五頁）。

針をもち、人の行く手を遮《さえぎ》る虫との意。訓「はち」。

——虫とは人・獣・鳥・魚・貝類以外の小動物、とくに昆虫類を指そう。実は世界中に百万種もの昆虫が生息する（『昆虫はすごい』光文社新書）。江戸期、両生類や爬虫類《はちゆうるい》も虫と捉えていたといい、まだ昆虫の用語概念は薄かったか昌益は蝶も「羽を広げて飛ぶ虫」——と書く。ところで、カエルやマムシ、にじなど漢字にすれば「蛙」「蝮」「虹」だがこれらも虫の種類が多かったり象形から虫偏になったとか。

【蟻】キ　ハ此《こ》ノ虫這《は》フニ互イニ行キ遇《あ》フ則《トキ》）、道ヲ譲リテ行ク、義有ル虫ト作リ、「アリ」トス（四六六頁）。

道で出会うと互いに触覚で合図をして譲り合い、あたかも義理を心得ているかのように見える虫との意に作る。訓「あり」。

49　襾にもとづく文字

【要《イヨウ》】ハ女ノ愚ヲ襾《ヲヲ》フガ乃チ「カナメ」ナリ、然ルニ反ツテ女ニ襾《ヲヲ》ハルル、故ニ男ノ要《かなメ》壊《ヤブ》レテ女ヨリモ愚ナリ（四七三頁）。

女の愚かさを補う（襾《おおう》）のが、男として肝要なのにもかかわらず、現実の男はかえって女に心を奪われてみずからの役割を果たせず、女よりも愚かな有様である。訓「かなめ」。

——人体の要、中央にあたる「腰」が字義とか。されど、女性に心奪われ、為すべき己が任を果たせない男性は現代でも。女性が輝く時代を標榜する政権も出現したが肝要なのはその心、昌益の字解と併せ関心を寄せたい。

50　言にもとづく文字

【計《ケイ》】ハ一《ヒトヒト》二《フタフタ》ト十《トフ》マデ言フテ「ハカル・ハカリゴト」（四七五頁）。「一（ひとひと）・二（ふたふた）」と言いながら十まで数え上げる意に作る。訓「はかる・はかりごと」。

——八戸出身で芥川賞作家・三浦哲郎（一九三一～二〇一〇）の作品に「ひと、ひと、ひと。ふた、ふた、ふた。みい、みい、みい……」と数え、獲《と》れたてのイワシを売るイサバのかっちゃ（魚売り女性）を登場させた小品「鰯《いわし》たちよ」がある。時代はさかのぼるが八戸で暮らした昌益、案外、こんな場面から「計」の字解に及んだのではなかろうか。

【討《チウ》】ハ其ノ罪《トガ》ヲ寸《ハカ》リ言フテ「ウツ・タツス・ウカガフ」（四七五頁）。罪の程度に応じて（寸）刑罰を宣告する（言）と作る。訓「うつ・ただす・うかがう」。

【誠《セイ》】ハ、成ハ戈《ほこ》ノ力ニテ斬リ取リ強盗シテ望ミ成ルトシ、此レニ言ヲ附《ツ》ケテ言フコト成《ナ》ルトシテ「マコト」トスルコト如何ニシテ妄造ノ至リナリ。聖作ノ文字ト云《い》フハ是《かく》ノ如クナル者カ。己レガ所為ニ似セテ、以テ作字シ、自然ノ為ニ自リ罪裎ヲ見ハスコソ愚《ウタテ》キカナ（四七八頁）。

成は戈の力と作り、辻斬り・強盗、つまり腕ずくで望みを遂げる意を表わす。これに言偏《ごんべん》を添えて、言ったことが叶う（成）と作り、マコトと読むとはでたらめも甚だしい。

聖人の手になる漢字がかくもでたらめなのは、皆、己のしていることに引きつけて作字しているからで、自然に照らして見れば如何《いか》に罪作りなことかがおのずと知れてしまう。情けない話である。

【謝《シャ》】ハ射《イ》カヘスコトヲ言フ、故ニ「ムクフ・カヘリゴト」（四八〇頁）。

相手の心にささる（射）ように言葉を返すと作る。訓「むくいる・かえりごと」。

――「戈」、ホコにマコトが見えない昌益。武器は争いの元凶――とし聖人、支配者らが作った字もかように突く。昌益は「患」に「ウタテ」とルビを振るが八戸地方や津軽では訛って「うだで」となる。本来、古語からくる「転《うたて》」の字だろうか。

51　貝にもとづく文字

【財《サイ》】ハ才《ツクリキ》ヲ貝トスト作リ、「タカラ・ウツハ」（四八四頁）。

木工芸品（才）を珍重する（貝）と作る。訓「たから・うつわ」。

【賀】カ

ハ貝ヲ加フル、故ニ「ヨロコブ・イワフ」（四八五頁）。

財貨（貝）が増える（加）と作る。訓「よろこぶ・いわう」。

【賃】チン

ハ貝ニ任ス、故ニ「ヤトフ」（四八五頁）。

金銭（貝）があるのに任せて、人を雇うと作る。訓「やとう」。

——貝の部はおしなべて貝を価値が高い財と捉えた字源は現代も同じ。この視点から昌益は論を起こす。いわゆる、堯・舜・禹・湯・周の時代までは金銭の代りに流通手段とし、民間でも貝を宝物とみた。だから、財宝や商売に関する字には貝の付いた字が多い。しかし、舜、禹の時代になり、金が掘り出され貨幣を鋳造《ちゅうぞう》し、王や諸侯のあいだでは貴重品となった。さらに、秦の時代には王、諸侯、民間の別なく、すべて貝の代わりに貨幣を通用させた。これは始皇帝の贅沢三昧《ぜいたくざんまい》によってもたらされたもの——と昌益は大いに嘆き、支配層の富みに対し民衆の貧という因果関係まで追う。

52　金にもとづく文字

【銅《ドウ》】ハ、此ノ金ハ、諸ノ金ニ同和スル、故ニ「アカガネ」(五〇二頁)。

様々な金属と融合して(同)合金を作る金属と作る。訓「あかがね」。

【銀《ギン》】ハ金《コガネ》ノ艮《ツギ》ナリ、故ニ「シロガネ」(五〇二頁)。

金に次(艮)ぎ貴重な金属と作る。訓「しろがね」。

【鍬《シウ》】ハ此ノ鍬《クハ》ハ秋ノミ用ユル具ニ非ズ、春初メテ田《タガヤ》スニ専ラ用ユル農具ナリ。故ニ失リ、故ニ鍤ニ作ルベシ(五〇三頁)。

秋に用いる金属製の道具と作るが、秋ではなく、もっぱら春先に田を耕す際に用いる農具であり、誤り。鍤《くわ》(シフ)とすべき。

――人の至福至高は田畑を耕すことにおく野良の思想家・昌益にはこの字の成り立ちも気がかりだから自分でつくったのだ。同様の農具で「すき」とも読ませるが「鋤」。「犂」は前述の通りで牛の力を借り田畑耕す道具。いまでは鍬や鋤、犂を用いる農業者の姿も少なく死語に等しい。岩手山の麓《ふもと》へ戦後入植した開拓者が吟じた「開拓の　苦労を語る　鍬の先」という句は食糧難時代の苦渋を映す。飽食の時代とは言え、農業とは何か。次項の

「食」の字にも絡むが、世のリーダーたちには歴史を踏まえ〝自らを耕す鍬〟を探してほしい。

53 食にもとづく文字

【飢《キ》】ハ食几《シヨクスベ》テ無シ、故ニ「ウヘル・カツヘル」（五二二頁）。食糧がすべて（几）なくなると作る。訓「うえる・かつえる（飢える）」。

【餅《ベイ》】ハ食《メシ》ニ并《ツク》ハ「モチ」ナリ（五二三頁）。米（食）を搗《つ》（并）くと作る。訓「もち」。

【饗《キヤウ》】ハ郷《さと》ノ食《クイモノ》、故ニ「モテナス」（五二三頁）。その土地（郷）の特産品（食）を客にふるまうさまに作る。訓「もてなす」。

――二〇二〇年、二度目の東京オリンピック開催招致は、この「おもてなし」の精神が大きく効いた。饗応は供応と道義だが、度を超すと顰蹙《ひんしゆく》を買う。

54　馬にもとづく文字

【馴《ジュン》】ハ、人ニ随《したが》イテ巛《メグル》ハ川ナリ。故ニ「シタフ・ナルル」（五二六頁）。

川はもと巛に作り、馬が人に随《したが》って回（巛）るさまに作る。訓「したう・なれる」。

【驛《エキ》（駅）】ハ馬ニ罒《アミ》シテ幸《さいわい》トス、故ニ「ムマツギ」（五二六頁）。

布で汗を拭いて（罒《あみして》）やり、馬を休ませる（幸）ところと作る。「うまつぎ（馬継ぎ）」。

――昔の牛車《ぎっしゃ》や人力車はともかく、現代は汽車、電車を利用する乗降客のステーションやターミナル駅、バスはバス停か。昌益が徳を積んだ京都、今では年間五千万人超の観光客が訪れるという。「驛」の常用漢字は「駅」だが、字義に「うまや」や「うまやど」もあり。昔、宿場ごとに用意された車馬が字源とか。それにしても馬の汗を布で拭《ぬぐ》ってやるこの心遣いは泣かせ、訓の「うまつぎ（馬継ぎ）」も当を得るようでうまい。

55　魚にもとづく文字

【鮊《ハク》】シラウヲ（五三三頁）。
　白い魚。訓「しらうお」。

【鮫《カウ》】ハ諸魚ニ交ハル、故ニ「サメ」（五三三頁）。
　諸魚に混（交）って泳ぐと作る。訓「さめ」。

【鯉《リ》】ハ数里ノ滝ヲ升ル魚《コイ》トス。故ニ「コイ」（五三三頁）。
　数里も滝を越える魚と作る。訓「こい」。
――古来、鯉の滝登りという。

【鯨《ケイ》】京《オオ》イナル魚《ウヲ》、故ニ「ヲクジラ」（五三三頁）。
　巨大（京）な魚と作る。訓「おくじら（雄鯨）」。

【鰯《ジヤク》】ハ弱キ魚ナル故ニ、「イワシ」（五三五頁）。
　弱い魚と作る。訓「いわし」。

56 鳥にもとづく文字

【鳩】キュウ ハ肉熱ナル故ニ大陽ノ鳥トシテ九鳥ト作ル、「ハト」（五三六頁）。

その肉が熱をもっているところから、大陽の数・九の鳥と作る。訓「はと」。

【鳴】メイ ハ鳥ノ口《モノイ》フハ弁言無ク器音ノ如シ、故ニ「ナル・ナク」（五三六頁）。

鳥の囀《さえず》り（口）には言葉がなく、管楽器のようであるとの意に作る。訓「なる・なく」。

【鴛鴦】エンウハウ ハ、雌雄互ヒニ死《シタ》ヒ央《ア》フ鳥、故ニ「ヲシドリ」（五三六頁）。

雌雄が互いに慕（死）い合う（央）鳥と作る。訓「おしどり」。

——「鴛鴦」は対で「おしどり」だが「鴛」も「鴦」も「おしどり」と読むカモ科の水鳥。辞書類では鴛がオス、鴦をメス鳥とし識別する。昌益が書いた日本版イソップ物語と高い評価を受ける『法世《ほうせい》物語』に登場するのが人間社会を取り巻く数多い鳥獣虫魚たち。その一コマを占めるのがこの鴛鴦《えんおう》で、イメージのごとくの夫婦ぶりを見せつける。一堂に会した鳥獣虫魚が人の法の世や世相をバッシングするごとく、皮肉る傍らで鴛鴦は「雌雄愛淫《しゆうあいいん》ニ溺《おぼ》ル」と仲睦《なかむつ》まじい。仲間たちからたしなめられても「帝王や大名は多くの女を抱え込み昼から情事にふけって平気だ」と抗弁し悠然たるもの。

昌益字書は単漢字を挙げての解説が圧倒的で、「早稲《わせ》」などの例はあるが二字語や熟語は当然少ない。さらに解析すれば、各部首などは現在の字書並みに順を追い列挙されるが収録数を抑えている。だから、部首の最後部に「この部、まだ漢字は多くあるがいずれも聖人らが勝手に作ったもので失《あやま》り、妄造で無益。作ろうと思えばいくらでもできる」とする指摘が多い。それなのに昌益はこの字書にかけていた。昌益が理想社会実現のため寝食を忘れるほど根を詰めた勤苦は、使命感の証であろう。その真摯《しんし》な思いが読み、学ぶ者の心を揺さぶるのだ。

――完――

あとがき

「ものを書くことは恥をかくことだ」という。末学を自認しながらも、本書を執筆し、あらためてそれを実感した。農山漁村文化協会（農文協）刊による『安藤昌益全集』の中でも「私制字書巻」は、わが胸に重くのしかかって離れない。それは、漢字や文字の世界など「直耕の正人」には不要……と喝破《かっぱ》する昌益の心根那辺《こころねなへん》にありや――であった。

世に「筆耕」や「筆誅」の言葉はあっても、農業を生きとし生ける者すべての礎《いしずえ》とし、「直耕」というストレートな〝熟語感字〟で表現した昌益。本文に記述した通り、昌益は伏義をはじめ、中国・日本の権力者、宗教者を含む支配者・指導者どもを批判し、字解にまで思いの丈をぶつける。

これは昌益の正義か、生まれつきの性分、灰汁《あく》の強さなのか。本書では、ヒントになるような著者なりの昌益理解、時代背景や世相を付記したが、判断は読者に委ねるしかない。この点、『安藤昌益全集』の執筆編集に携わった方々は、昌益の手製字書である「私制字書巻」を、昌益の「思想解読字典ではない」と明快だ。

いずれにしろ昌益に関心を寄せる昌益ファンに、もっと昌益字学を知り、愉しんで欲しい。八戸は「昌益研究のメッカ」と称されるが、そこに住む我々は、昌益の理念、哲学を折に触れ、考え伝えていくことが責務だと思う。その思いを形に……と、稿をまとめたが、学識のなさが身にしみた。例を挙げれば、五行説とは、進木音や退火音とは、漢音・唐音・呉音とは……。自然哲理や漢字の起源さえ、その知見に乏しい。

それらをリカバリーして下さったのが石渡博明さん（「安藤昌益の会」代表）であり、泉博幸さん（農文協編集局）であった。両氏とも農文協版『安藤昌益全集』の執筆・編集に携わり、その後も昌益研究で斯界に広く知られる。石渡さんからは内容に関する助言や解説文のご執筆をいただいた。泉さんは編集全般、細部にわたるチェックをして下さり、この本が陽の目を見るに至った。

巻頭に掲げた〝昌益かるた〟のイラストを描いて下さった柳沢聖子さんにも感謝の念を申し上げる。柳沢さんは著者の作った読み札に、メルヘンタッチで絵札をまとめられた。じつは本書の上梓には、この〝昌益かるた〟を介して昌益への関心を広げ、子どもから大人まで楽しめる普及版、入門書を……との願いが端緒であった。

〝昌益かるた〟は、拙著『安藤昌益――直耕思想いま再び』（東奥日報社刊）に収録したもの。今回の上梓に当たり絵札を付すなどの補完をしたが、転載を快諾下さった東奥日報社、さらに引用した『安藤昌益全集』第二巻「私制字書巻」の翻刻と現代語訳の引用を了承下さった版元である農文協の両社に感謝の意を表したい。

安藤昌益ゆかりの地である八戸から「情報発信の火を消したくない」、この思いが読者の皆さんに伝わるならば幸せであり、内容へのご叱正などは次に向けた励みにと……誓うところだ。

二〇一六年二月十五日

著者　吉田徳壽

著者紹介

吉田 徳壽（よしだ とくじゅ）

1942年8月、岩手県岩手郡滝沢村（現滝沢市）生まれ。盛岡の高校を卒業、フジ製糖に入社し、働きながら通信教育大学講座を修了。デーリー東北新聞社を経て、東奥日報編集委員を務め、同社退職後は社会福祉法人の理事・施設長も経験。

著書に『米―飽食への警告』（時事通信社）、『安藤昌益―直耕思想いま再び』（東奥日報社）ほか。『米―飽食への警告』で黒柳徹子著『窓ぎわのトットちゃん』とともに第12回「新評賞」を受賞。

現在、日本ペンクラブ会員、農政ジャーナリストの会会員など。

青森県八戸市在住。

安藤昌益の痛快漢字解
―「私制字書巻」を愉しむ

2016年3月20日 第1刷発行

著 者 吉田徳壽

発行所 一般社団法人 農山漁村文化協会
郵便番号107-8668 東京都港区赤坂7丁目6-1
電話 03(3585)1141（営業） 03(3585)1145（編集）
FAX 03(3585)3668 振替 00120-3-144478
URL http://www.ruralnet.or.jp/

ISBN 978-4-540-15221-4 印刷／藤原印刷（株）
〈検印廃止〉 製本／根本製本（株）

毎日出版文化賞特別賞・物集索引賞受賞作品

『安藤昌益全集』全21巻（22分冊）別巻1

安藤昌益研究会編、A５判上製・貼箱入りセット価
（本体１１０００２円＋税）

■現代語訳篇

第1巻『稿本自然真営道』（大序巻・真道哲論巻）
●本体４０００円＋税

自然とは何か、人間と社会はいかにあるべきかという根本問題に挑む安藤昌益。あらゆる先行思想を「不耕貪食」と否定し、「直耕」つまり農業こそ自然と人間の調和する唯一・真正の道であると喝破する昌益思想の真髄。

第2巻『稿本自然真営道』（私制字書巻一・二・三）
●本体５９０５円＋税

「文字ハ天道ヲ盗ムノ道具ナリ」と文字・学問の利己性・階級性を暴露した昌益。最高最良の漢和辞典である『字彙』批判を通じて独自の文字論・文明論を展開。ユニークな理想社会を描いた「自然世論」もこの巻にある。

第3巻『稿本自然真営道』（私法儒書巻一・二）
●本体４７６２円＋税

「聖人ノ教ヒハ、衆人ヲ誑カシ、天下ヲ盗ミ、己レヲ利スル大偽ナリ」。儒教を始め、現実に背を向け私的世界への逃避をこととする道教など、中国思想における欺瞞と作為、階級性を完膚なきまでに暴いた書。

第4巻『稿本自然真営道』（私法儒書巻三・私法仏書巻）
●本体４４７６円＋税

「釈迦、不耕ニシテ衆ヲ誑カシ、心施ヲ貪リ食フテ、自然・直耕ノ転定ノ真道ヲ盗ム」。釈迦にはじまる仏教の東遷をたどり、その支配イデオロギーとしての性格を指摘。徹底的な経典、諸宗派批判を展開した排仏毀釈論。

第5巻『稿本自然真営道』（私制韻鏡巻・私法神書巻上）
●本体４３８１円＋税

「『韻鏡』、一句トシテ人倫ノ立用為ル所無キ迷器ナリ」。音韻学の古典『韻鏡』を否定し、昌益独自の言語論・音韻論・仮名論を展開する「私制韻鏡巻」。天地開闢や国造り神話などに徹底批判を加えた「私法神書巻」。

第6巻『稿本自然真営道』（私法世物語巻・人相視表知裏巻一）
●本体４４７６円＋税

昌益の発見者・狩野亨吉に「読む者をして抱腹絶倒、快哉を叫ばしむ」と感嘆させたユニークな動物譚「法世物語」。鳥・獣・虫・魚の動物たちが会合して法世の人間どもを風刺した愉快痛快奇々怪々の和製イソップ物語。

第7巻『稿本自然真営道』（人相視表知裏巻二・三）
●本体４０００円＋税

「面部八門ノ具ハリヲ以テ府蔵附着ノ八序ヲ知ル、其ノ病根ノ成ル所ヲ察シ」治療をする昌益の望診論「人相視表知裏巻」。予防医学の提唱や精神分析・夢判断・精神病者への対話療法などを展開した卓抜な心身医学論。

第8巻『統道真伝一』（糺聖失）
●本体４０９５円＋税

「聖人世ニ出デテ上ニ立チ、王トシテ教ヘヲ建ツルト云フコト、甚ダ世界ノ大害ナリ」。三皇五帝から孔子にいたる聖人やその教えを信奉する儒者たちは、衆人の直耕を掠め取る階級支配を正当化するものと徹底的に批判。

第9巻『統道真伝二』（糺仏失）　●本体4000円＋税

「仏法有リテ後、転下ニ微益有ルコト無ク、逆倒・迷乱ノミナリ」と仏教を根底から否定。経典・宗派ごとに徹底的に批判し、食の生産が基本であることを説く。自然な男女の性愛を謳歌する「華情」論を展開。

第10巻『統道真伝三』（人倫巻）　●本体4000円＋税

自然と人間の調和をめざした昌益の人体論と医学論。転定に対して人体を小転定と位置づけた昌益は、両者を媒介する食を重視する。農耕とならぶ人間の直耕である出産を重視し、注目すべき卓抜な産婦人科学を展開した。

第11巻『統道真伝四』（禽獣巻）　●本体4286円＋税

宇宙論、本草学、動物学など昌益の自然学と博物学を展開。幽霊など「自然ニ毛頭之レ無キコトナリ」と喝破する合理主義、この世界のほかに別の世界があるかという「転定ノ外、亦有リ無シノ論」など興味津々の世界。

第12巻『統道真伝五』（万国巻）　●本体4286円＋税

世界各国・各民族の自然・習俗・民族的記述を集成。鎖国下において可能な限りの国際性を追究した万国論。土と米の唯物論を基盤とする自然論・人体論を展開。万物の有機的連関を強調し、人間もその一部であると主張。

第13巻『刊本自然真営道』（『自然真営道』巻一・巻二・巻三）　●本体4762円＋税

昌益の自然哲学を体系的に展開した唯一の公刊本。自然とは何か、人間とは何か、自然と人間を貫く原理は何か、自然と人間の関係はいかにあるべきか、こうしたラジカルな思索が現代に厳しく迫る社会思想を生み出した。

■**資料篇**

第14巻『資料篇一』（二井田資料・医学関係資料一）　●本体4762円＋税

昌益は晩年、生誕の地・二井田に帰り、その思想を実践。昌益の死後、その門人と権力との闘いを記録した「二井田資料」。卓抜な医学的手腕を物語る後人による昌益医学の抜き書きは医学史の書換えを迫る画期的なもの。

第15巻『資料篇二』（医学関係資料二）　●本体5048円＋税

安藤昌益の主著・稿本『自然真営道』は、その大部分が関東大震災で灰塵に帰した。本書は焼失した昌益の医学論を忠実に再現した後人による写本である。予防医学と自然治癒力を前提とする「真営道医学」の全貌を再現。

第16巻上『資料篇三上』（八戸関係資料一）　●本体4476円＋税

神社縁起と記紀の虚偽、仏教諸派の起源と批判を展開した「私法神書巻」下、漢字の和訓を論じた「和訓神語論」、本草・薬物学書である「甘味ノ諸薬・自然ノ気行」の三種は焼失した稿本の内容を推測させる貴重な資料。

第16巻下『資料篇三下』（八戸関係資料二・自然真営道残簡・他）　●本体4762円＋税

八戸藩日記や初期の習作・読書ノートなど、昌益思想の初期的段階や思想形成、日常生活をうかがわせる貴重な八戸資料。稿本『自然真営道』の表紙から発見された断簡や書簡断片などを細大漏らさず影印版とともに収録。